사기, 정치와 권력을 말하다

사기, 史記

정치와 권력을 말하다

김영수 지음

북바이북

한 인간의 삶이 얼마나 고귀한가

위대한 비운의 역사가 사마천

問___ 『사기史記』에 담긴 이야기들을 빌려 정치와 권력에 관해 생각해보는 여정에 나서기에 앞서, 지은이인 사마천司馬遷이라는 역사학자가 어떤 사람인지 궁금해집니다.

答___ 『사기』를 알게 되면 누구든 가지게 되는 궁금증이지요. 이렇게 생생하고 감동적이고 때로는 지독하고 섬뜩하기까지 한 이야기를 기록으로 남긴 사마천이라는 사람은 누구인지 말이지요. 사마천은 치욕스러운 형벌을 극복하고 위대한 역사책 『사기』를 남긴 위대한 비운의 역사가로 알려져 있지요. 이 형벌은 '궁형宮刑'인데, 궁형은 인류가 자행한 반인간적인 형벌 가운데 하나입니다. 중국사의 10대 혹형 중에서도 가장 지독한 형벌로 분류될 정도니까요. 간단하게 말해 남성과 여성의 성기를 제거하는 형벌인데요, 기능을 못 쓰게 만드는 정도가 아니라 성기 자체를 아예 망가뜨리는 아주 몹쓸 형벌입니다.

問___ 사마천이 무슨 죄를 지었길래 그런 형벌을 당했나요?

答___ 괘씸죄입니다. 황제의 심기를 건드린 죄였지요. 정확하게는 사마천이 궁형을 자청했습니다.

사건의 경위는 이렇습니다. 사마천은 지금으로부터 약 2,200년 전에 건국된 한나라 사람입니다. 기원전 145년에 태어났으니까, 정확하게는 지금으로부터 약 2,166년 전이지요. 한나라는 유방劉邦에 의해 건국된 이래 문제文帝와 경제景帝의 안정기와 발전기를 거쳐 무제武帝에 전성기를 맞이합니다. 그런데 당시 한나라의 가장 강력한 맞수는 유목 민족인 흉노족이었습니다. 초기부터 싸우기도 하고 화해하기도 하면서 긴장 관계를 유지해왔지요. 무제 때는 축적된 국가 경제력과 군사력을 가지고 열세에 놓여 있던 흉노 관계를 역전시키려 합니다. 무제는 야심이 큰 군주였고, 흉노에 대해서도 강경 대응에 나섰지요. 이에 따라 많은 장수가 등장합니다. 무제 이전의 명장 이광李廣을 비롯해 무제 당대의 위청衛靑, 곽거병霍去病, 이광리李廣利 등. 이릉李陵이라는 젊은 장수도 이 반열에 들 수 있는데, 사마천은 특별히 이릉을 나라의 큰 재목으로 지목했습니다. 또한 이릉은 사마천이 가장 존경하던 이광의 손자이기도 했습니다. 이릉 역시 대흉노 전쟁에 투입되어 여러 차례 공을 세웠습니다.

그런데 사마천이 마흔일곱 살이 되던 해인 기원전 99년 이릉은 흉노와의 전쟁에서 '중과부적衆寡不敵'으로 패배해 항복합니다. 조정에서는 이 일로 논의가 분분했어요. 이릉이 승리할 때는 만세를 외치며 이릉을 칭찬하던 대신들의 여론이 이 일을 계기로 돌변하게 됩니다. 상심한 무제는 사마천에게 의견을 물었고, 사마천은 황제의 마음을 조금이라도 위로할 요량으로 이릉의 패배는 불가피한 측면이 있고, 또 작전상의 작은 실수도 있기 때문에 이릉만 나무랄 일이 아니라고 이릉을 변호했지요. 모두들 이릉을 비난하는 가운데 사마천 홀로 이릉을 변호한 것입니다. 그런데 이것이 화근이 되었습니다. 바로 '작전상의 작은 실수'라는 대목이 문제가 되었는데요. 당시 총사령관은 황제의 처남 이광리였습니다. 따라서 사마천이 작전상의 실수라고 한 것이 무제의 심기를 건드린 것이죠.

무제는 화가 나서 사마천을 옥에 가두었고, 이듬해 이릉이 흉노 군대에게 병법을 가르치고 벼슬을 받았다는 소문이 들리자 사마천에게 사형을 선고하고 이릉의 가족을 몰살시켰습니다. 권력이 황제 한 사람에게 집중되어 있는 전제 체제에서, 변덕스러운 황제의 심기 때문에 희생당한 사람은 부지기수였습니다. 사마천은 사형을 선고받았지만, 그대로 죽을 수가 없었습니다. 몇 년 전부터 본격적으로 준비해오던 『사기』를 완성하지 못한 상태였기 때문이지요. 아니, 그보다는 자신이 준비해오던 역사책의 내용을 완전히 바꾸어야 할 절박한 이유가 생겼기 때문이라고 해야 옳을 것입니다.

마흔일곱 살에 감옥에 갇히고 마흔여덟 살에 사형을 선고받았습니다. 그리고 쉰 살에 풀려날 때까지 사마천은 햇수로 3년 동안 옥살이를 했습니다. 특히, 마흔아홉 살에 궁형을 당하기까지 사마천은 감옥에서 많은 생각을 했지요. 바로 그 기간에 자신이 평생을 준비해오던 『사기』의 내용을 완전히 바꾸어야겠다는 결심을 굳힙니다.

사마천은 투옥 생활을 통해, 그리고 옥리들에게 모진 고문과 구박을 받으면서 많은 것을 생각하고 또 생각했습니다. 특히, 세태와 민심 나아가서는 인간 본질이라는 문제를 통찰했어요. 이는 다시 자신이 정말 해야 하고 할 수 있는 일이 무엇인가에 대한 성찰로 이어졌습니다. 여기에는 권력자와 악한 자에 대한 신랄한 비판도 포함됩니다. 한편으로는 약자에 대한 동정과 때를 만나지 못하거나 박해를 받은 인재들에 대한 안타까움을 토로했습니다. 그래서 악하고 나쁜 자를 혼내주는 의협심을 칭찬하고, 나쁜 짓을 한 강자들에게 통쾌하게 복수하는 인물들의 복수관도 긍정적으로 평가했어요.

투옥 이전까지만 해도 사마천은 무제라는 위대한 황제와 한나라라는 어마어마한 제국을 찬양하는 어용 역사책을 구상했습니다. 그러다 이릉의 사건을 계기로 역사책의 본질이 바뀌었습니다. 이런 자신의 바뀐 생각, 성숙해진 인식을 평생 준비해온 역사책에 반영하려면 무엇보다 살아야 하지 않겠습니까. 살아서 나가 못 다 쓴 역사책을 마무리해야 했지요. 이제는 역사책의 내용을 근본적으로 수정해야만 할 절박한 이유까지 생겼으니까요.

問___ 사형 선고를 받았는데 무슨 수로 살아서 나간단 말입니까. 더욱이 황제의 심기를 건드린 마당에요.

答___ 당시 한나라 법에 따르면 사형을 면할 수 있는 길이 두 가지 있었습니다. 하나는 50만 전이라는 속전을 내는 것이고, 또 하나가 바로 궁형을 받는 것이었습니다. 그런데 사마천에게는 돈이 없었습니다. 물론 돈 많은 친구야 있었겠지만, 누가 감히 나서서 사마천을 돕겠습니까. 황제의 심기를 건드린 괘씸죄를 범한 사람을요. 결국 사마천은 궁형을 자청할 수밖에 없었습니다.

問___ 안타깝네요. 사마천은 자신이 쓰려고 했던 역사책의 내용을 송두리째 바꾸기 위해 궁형을 선택할 수밖에 없었다는 말이군요.

答___ 정말 말도 안 되는 죄목으로 사형을 선고받았으니 얼마나 억울했겠습니까. 칼을 쓰는 무인도 아니고, 붓으로 사는 문인이 이 억울함을 어떻게 하소연할까요? 자기가 가장 잘하는 글로 보복하는 수밖에요. 그래서 궁형을 자청하면서까지 사마천은 치욕을 견디고

발분해 『사기』를 완성했고, 인류에게 선사했습니다.

問___ 권력자들이 자신들을 비판하는 내용이 담긴 『사기』의 출현을 용납했나요?

答___ 『사기』는 관찬 사서로 출발했지만, 사마천이 궁형을 당한 이후 책의 성격이 개인의 저술로 바뀝니다. 사마천은 그래서 자신의 저술을 명산 깊은 곳에 보관했다가 알아줄 사람을 만나 세상에 널리 전할 수 있었으면 하는 바람을 피력했어요. 실제로 『사기』는 사마천이 죽고 약 반세기가 지난 다음 비로소 해금되었습니다.

問___ '인간승리'라는 말들을 하는데, 사마천의 삶은 그 정도로는 제대로 표현될 수 없을 것 같습니다. 『사기』에 등장하는 수많은 사람들의 그 어떤 이야기보다 사마천의 인생 이야기가 훨씬 감동적입니다. 그렇기 때문에 그가 전하는 숱한 인간들의 이야기가 더욱 기대되고요.

答___ 그래서 저는 『사기』를 먹이 아닌 '피로 썼다'고 말합니다. 한 인간의 삶이 얼마나 고귀한가요? 그가 남긴 역사서는 또 얼마나 귀중하고요? 인류에게 봉사하는 길은 수없이 많지만, 모든 사람에게 영감을 주고 통찰력을 주며, 기쁨과 슬픔, 분노와 용서, 사랑과 화해를 전해주는 훌륭한 저술을 남기는 일만큼 큰 봉사도 드물 것입니다. 이런 점에서 사마천은 역사학의 성인이에요. 실제로 중국 사람들은 그를 '사성史聖'이라 부릅니다. 양계초梁啓超라는 학자는 그를 '역사학의 조물주'라고도 불렀습니다.

차례

8장 말의 위력

9장 성공의 법칙

1

공직자의 모범

이런 공직자 어디 없나 1

자기 집 밭 채소를 뽑게 한 공의휴

間___ 이명박 정부 때 농민에게 돌아가야 할 쌀 직불금을 온갖 불법과 편법을 동원해 가로채온 사회 지도층과 공직자들의 파렴치한 처신이 국민들을 실망시키다 못해 절망시킨 적이 있었습니다. 이 일 말고도 공직자들의 도덕 불감증과 공과 사를 구별할 줄 모르는 무개념은 정말이지 못 말릴 정도입니다. 그래서 말씀인데 사마천은 『사기』에서 이런 공직자들을 거론하지 않았나요?

答___ 왜 거론하지 않았겠습니까. 아주 심각하게, 많은 것을 생각하게 만드는 대목들이 적지 않습니다. 씁쓸하긴 하지만 『사기』의 진정한 가치도 이런 점 때문에 빛이 나지요.

問__ 예나 지금이나 바람직한 공직자를 찾기 힘든 것 같습니다. 나쁜 공직자는 매일 보고 있으니까, 『사기』에서 제시하는 바람직한 공직자들의 이야기를 통해 허전한 마음을 달래봤으면 합니다.

答__ 『사기』에서 찾아볼 수 있는 감동적인 공직자의 모습 몇 가지를 소개해보겠습니다. 먼저 전국시대, 공자의 고향인 노나라, 지금의 산동성 곡부曲阜에서 재상을 지낸 공의휴公儀休라는 인물입니다. 공의휴는 박사 출신으로 능력과 덕망을 인정받아 지금의 국무총리에 해당하는 재상의 자리에까지 오른 인물로, 자기 나름대로 몇 가지 원칙을 가지고 재상의 일을 훌륭히 해냈는데요. 그 원칙은 사실 지금 우리 상황에 고스란히 적용해야 할 것들입니다.

問__ 옛날 같으면 제왕 다음가는 자리가 재상이고, 오늘날에도 대통령 다음 자리가 국무총리인데요. 과거나 지금이나 매우 막중한 자리 아닌가요? 재상 공의휴가 공직 생활을 해가며 지켰던 원칙이라니, 궁금해집니다.

答__ 공의휴는 공직에 있는 사람으로서 다섯 가지 자기 원칙을 내세우고 이를 충실하게 지켰습니다.

첫째, 법을 숭상한다.
둘째, 이치에 따른다.

셋째, 변칙적으로 사무를 바꾸지 않는다.

넷째, 일반 서민과 이익을 다투지 않는다.

다섯째, 특히 고위직 공직자는 사소한 이익을 탐하지 않는다.

공의휴가 이런 원칙을 가지고 재상 역할을 수행한 결과, 모든 관리의 행동이 단정해졌다고 합니다. 윗물이 맑아야 아랫물도 맑은 법입니다. 근원이 흐리면 다른 공직자나 국민들에게 맑음을 이야기할 수 있을까요?

問＿＿ 공의휴가 재상으로 일할 때 있었던 일화 같은 것은 없었나요?
答＿＿ 두 가지가 〈순리열전〉에 남아 있습니다. 공의휴는 생선을 좋아했어요. 그래서 누군가 그에게 생선을 선물했습니다. 하지만 공의휴는 그것을 받지 않고 돌려보냅니다. 그러자 그 사람이 생선을 좋아한다고 해서 성의를 담아 보냈는데 왜 돌려보냈느냐고 볼멘소리를 하지요. 재상이라면 그 정도 사소한 선물이야 얼마든지 받을수 있는 것 아니냐는 뜻이었지요. 게다가 생선도 좋아한다면서. 그러자 공의휴는 이렇게 말합니다.

"생선을 좋아하기 때문에 받을 수 없다. 재상인 내가 생선 정도는 충분히 살 수 있다. 그런데 생선을 받았다가 재상 자리에서 쫓겨나면 누가 다시 내게 생선을 보내겠는가?"

이 말은 잘 새겨들어야 할 필요가 있습니다. 생선 선물이 계속 들어온다는 것은 결국 자신이 청렴하게 재상 자리를 지키고 있다는 확실한 징표가 될 것입니다. 계속 돌려보내긴 하겠지만 말이지요. 청렴하게 자리를 지키면서 생선 선물을 계속 받을 수 있는 재상, 그리고 그 선물을 웃으면서 돌려보낼 수 있는 재상, 이런 공직자가 그리운 세상입니다.

이런 일도 있었습니다. 하루는 퇴근해 집에 돌아와 밥을 먹는데 채소가 너무 맛있는 겁니다. 그래서 누구 집 채소가 이렇게 맛있는지 알아봤더니 바로 자기 집 채소였지요. 공의휴는 바로 자기 집 텃밭에서 나는 채소를 다 뽑아버리게 했습니다. 또 자기 집에서 짠 베가 질이 뛰어난 것을 보고는 당장 베 짜는 아낙을 내보내고 베틀을 태웠습니다. 왜 그랬을까요?

問___ 그야 채소 농사를 짓고 베를 짜는 백성들 때문이 아닐까요?
答___ 그렇습니다. 공의휴가 뭐라고 했는지 『사기』의 원문을 살펴보지요.

"우리 집 채소가 이렇게 맛있고 우리 집 베가 이렇게 좋다면 다른 농부와 베 짜는 사람들은 자신들의 물건을 어디다 팔아야 한단 말인가?"

이런 공직자 어디 없나 2

자결로 자신의 잘못을 속죄한 법관 이리

問__ 재상 공의휴의 이야기 잘 들었습니다. 다음으로 소개할 인물은 어떤 성품을 지녔을지 기대가 됩니다.

答__ 춘추시대, 약 2,600년 전에 지금의 산서성山西省 지역에 있었던 진나라 문공文公 때 사법관을 지낸 이리李離라는 사람입니다. 이리의 이야기는 더 극적이지요. 이리가 아랫사람의 잘못된 보고만 믿고 무고한 사람에게 사형을 선고해 그 사람을 죽게 했습니다. 사법부에 의한 살인을 저지른 셈이지요. 그러자 이리는 자신을 옥에 가두게 하고 자신에게 사형 판결을 내렸습니다. 문공이 이 이야기를 듣고는 그건 이리의 잘못이 아니라 이리 밑에 있는 실무를 담당한 부하의 잘못이니 자책하지 말라고 했습니다. 그랬더니 이리가 문공에게 이렇게 말합니다.

> "신은 담당 부서의 장관으로서 관리에게 직위를 양보하지도 않았고, 많은 녹봉을 받으면서도 부하들에게 이익을 나누어주지도 않았습니다. 판결을 잘못 내려 사람을 죽여놓고 그 죄를 부하들에게 떠넘긴다는 것은 말도 안 됩니다."

문공은 그런 논리라면 너를 사법관으로 기용한 나한테도 죄가 있는 것 아니냐며 이리를 용서했습니다. 그러나 이리는 자신의 뜻을 굽히지 않으면서 또 이렇게 말했지요.

> "사법관에게는 법도가 있습니다. 법을 잘못 적용하면 자신이 그 벌을 받아야 하고, 잘못 판단하여 남을 죽이면 자신이 죽어야 합니다. 임금께서는 신이 그런 것까지 의혹을 풀 수 있다고 생각하여 사법관으로 삼으신 것 아닙니까? 그런데 거짓말을 믿고 사람을 죽였으니 그 죄는 사형에 해당합니다."

問___ 그렇다고 진짜 자신을 사형에 처한 것은 아니겠지요?
答___ 놀랍게도 이리는 자결해 사형을 대신했습니다.

問__ 권력 앞에 추할 대로 추한 모습을 보인 대법관 파동, 스스로 권력이 되고자 하는 검찰, 돈과 검찰의 눈치를 보는 사법부, 이 때문에 위기에 처한 민주주의와 고통받는 국민들이 생각납니다. 이런 우리의 현실이 겹쳐져 우울하면서도 너무 감동적인데요. 정말 이런 사람 어디 없을까요?

答__ 역사상 이런 공직자들이 있음으로 해서 세상과 보통 사람들이 그나마 위안을 받고 희망을 가지는 게 아닐까요? 사마천은 논평을 통해 "이리는 잘못 판결해 사람을 죽이고 검으로 자결했고, 문공은 이로써 국법을 엄정하게 했다"고 말했습니다. 이리의 자결로 문공은 국법의 엄정함을 모두에게 확인시키고, 누구든 법 앞에 공평하다는 것을 알린 것이지요.

問__ 『사기』에는 이렇게 지금 우리에게도 귀감이 될 만한 공직자들의 이야기가 많은가요?

答__ 사마천은 권119 〈순리열전〉부터 권120 〈급암열전〉, 권121 〈유림열전〉, 권122 〈혹리열전〉까지 네 권에서 집중적으로 다양한 관료상을 소개하고 있는데요, 백성들과 나라를 위해 혼신의 힘을 다 바친 훌륭하고 고귀한 공직자부터 백성들을 착취하고 괴롭힌 포악한 공직자, 권력자에게 아부해 일신의 영달만 추구한 간신형 공직자 등등 다양하게 소개하고 있습니다.

사기, 정치와 권력을 말하다

이런 공직자 어디 없나 3

공부한 다음 벼슬하라는 정자산

問__ 아무래도 지금 우리 현실에서는 훌륭한 공직자들의 이야기가 더 와닿을 것 같습니다. 한 사람 더 소개했으면 하는데요.

答__ 춘추시대 정鄭나라에서 30여 년 동안 공직자 생활(18년은 재상으로 재직)을 한 자산子産이라는 인물이 있습니다. 정자산은 기원전 582년에 태어났는데, 기원전 551년에 태어난 공자보다 30년 정도 연상이지요. 본명은 공손교公孫橋라고 합니다.

問__ 공직자 생활 30년이라니…. 그 정도라면 산전수전 다 겪었을 테고 우여곡절도 많았을 것 같은데 어땠나요?

答__ 자산의 정치 생애를 알려면 정나라의 정치적 상황을 먼저 살펴볼 필요가 있습니다. 정나라는 섬서성 지역에 위치한 소국인데, 주 왕실과는 성이 같은 희姬씨로 인척 관계였습니다. (나중에 지금의 하남성 정주鄭州로 옮겼지요.) 주 왕실이 기원전 770년 견융犬戎에 쫓겨 동쪽으로 도망칠 때 천자를 호위한 공으로 왕실과 가까워졌고, 장공莊公 때 위세를 한껏 떨쳤습니다. 그러나 장공이 죽으면서 내란이 터져 여러 공자들 사이에 피비린내 나는 권력 쟁탈전이 벌어집니다. 결국 장공의 여덟 아들 가운데 넷이 정변에 가담해 셋은 죽고 여공厲公이 즉위해 안정을 찾았지만, 나라의 힘은 줄곧 쇠퇴해 기원전 582년 자산이 태어날 때까지 별 볼일 없는 작은 제후국에 머물렀습니다.

問__ 자산이 태어날 무렵까지도 정나라의 정세는 불안했다는 말이지요?

答__ 그렇습니다. 자산이 열일곱 무렵인 기원전 566년에 재상으로 있던 자사子駟가 국군인 희공釐公이 자신을 무시했다며 요리사를 시켜 국군을 독살했습니다. 그리고 간공簡公이 즉위합니다. 이듬해인 기원전 565년에는 공자들이 자사를 죽이려다 오히려 자사에게 죽임을 당했는데, 모두 네 명의 공자가 죽었지요. 여기에 남방의 강국 초나라가 정나라를 공격하는 외환까지 겹쳐 그야말로 정국이 안팎으로 쑥대밭이었습니다. 이런 상황에서 정나라는 북방의 강대국인 진晉, 그러니까 여기서 말하는 진은 서방의 강대국으로 훗날 천하를 통일하는 진시황의 진秦나라와는 다른 산서성 지역의 진나라를 말하는데요, 이 진나라와 맹약을 맺어 남방 초나라를 견제하고, 또 어떤 때는 진나라를 견제하기 위해 남방 초나라와 맹약을 맺는 등 매우 불안하고 아슬아슬한 줄타기 외교를 했지요. 그러다 보니 심심하면 이들 나라의 공격을 받는 등 나라 꼴이 말이 아니었습니다.

問___ 그 무렵 자산은 아무런 역할도 하지 못했나요?

答___ 기원전 563년 공자 자공子貢이 위지尉止란 자를 시켜 직접 왕이 되려던 자사를 죽입니다. 자공은 위지를 재상으로 삼고 자신이 왕이 되려 했는데, 이때 자산이 나서 자공을 설득해 재상 자리로 만족하게 만듭니다. 이 과정에서 자산은 약관 스물의 나이로 반란을 평정하고 난국을 수습하면서 일약 정나라 정치계의 총아로 떠올랐습니다.

問___ 자산의 정치 생애에서 가장 돋보이거나 후대에 귀감이 될 만한 부분이 있을까요?

答___ 정치와 외교 분야입니다. 그 밖에 형서刑書, 말하자면 형법을 제정해 그 법조문을 큰 솥에 새겨 관청 문 앞에 세워둔 일이 있었습니다. 이것을 형법을 새겨놓은 세발솥이라는 뜻의 '형정刑鼎'이라 부릅니다.

問__ 법을 솥에 새겨 관청 문 앞에 세웠다는 것은 어떤 뜻인가요?

答__ 법을 명문화하고 공개했다는 뜻이지요. 당시는 종이가 발명되기 전이라 법전이 책자로 만들어져 있는 것도 아니었고, 목간이나 죽간에 적어서 만든다고 해도 너무 양이 많아 민간에 보급할 수도 없었습니다. 결국 백성들은 법조문을 알 길이 없었지요. 기득권 귀족들이 법 조항을 공개하지 않기도 했고요. 법이 있어도 귀족들의 전유물일 뿐 백성들은 법을 알 수가 없었고, 따라서 법의 혜택은 커녕 알지도 못하는 법에 의해 피해만 당해왔습니다. 그러던 것이 자산에 의해 명문화된 것이지요. 법조문을 큰 세발솥에다 새겨 관청 문 앞에 세워놓았다는 것은, 누구든 와서 법조문을 보고 그에 따라 소송을 제기할 수 있게 됐음을 의미합니다.

問__ 귀족을 비롯한 기득권층이 엄청나게 반발했을 것 같은데요.

答__ 사방에서 심지어 외국에서조차 격렬한 비난이 쏟아졌습니다. 정나라의 상국이라 할 수 있는 진나라 대부 숙향叔向이라는 자는 편지까지 보내 자산을 비난했을 정도니까요. 이와 관련해 자산이 남긴 말이 있습니다.

사기 · 정치와 권력을 말하다

"나라에 유리하다면 목숨을 걸고라도 실행할 것이다. 일이 잘 되면 법을 바꾸지 않아도 성공한다. 백성들이 제멋대로 굴지 않으면 법을 바꿀 필요는 없다. 나는 이리저리 왔다 갔다 하는 사람이 아니다! 나는 세상을 구하고 싶을 따름이다!"

자산이 실행한 법 제정과 명문화는 시대의 대세였습니다. 그렇게 반대하던 진나라도 얼마 뒤 형서를 공표했지요.

問＿＿ 재상으로서 자산의 정치는 어땠습니까?
答＿＿ 자산은 귀족 출신이었지만, 부패한 귀족들을 굉장히 혐오했습니다. 하지만 혐오에서 그치지 않고 아주 현명하게 귀족 간의 모순을 이용해 특권 세력을 제압하고, 개혁 정치를 펼쳐갔습니다. 『사기』에는 정치와 관련해 자산의 정치 철학을 엿보게 하는 자산의 말들이 남아 있습니다.

"정권을 잡으면 반드시 인덕으로 다스려야 한다. 정권이 무엇으로 튼튼해지는 것인지 잊어서는 안 된다."

"정치에는 두 가지 방법밖에 없다. 하나는 너그러움이고 하나는 엄격함이다. 덕망이 높고 큰 사람만이 관대한 정치로 백성들을 따르게 할 수 있다. 물과 불을 가지고 비유해보자. 불이 활활 타오르면 백성들은 겁을 먹는다. 그렇기 때문에 불에 타 죽는 사람은 적다. 반면 물은 성질이 부드럽기 때문에 겁을 내지 않는다. 이 때문에 물에 빠져 죽는 사람이 많은 것이다. 관대한 통치술이란 물과 같아, 효과를 내기가 여간 어렵지 않다. 그래서 엄격한 정치가 많은 것이다.”

자산은 좋은 정치란 궁극적으로 덕이라는 리더십을 통해서만 참된 의미를 가질 수 있음을 지적합니다. 당장 급하다고 불 같은 엄격한 정치를 해서는 장기적인 효과를 거둘 수 없다고 본 것입니다. 느리고 부드럽지만 오래도록 큰 효과를 가져다주는 물 같은 정치, 즉 덕의 정치를 이상으로 내세운 것이지요. 자산은 정권을 뒷받침하는 것이 민심이라는 점을 분명하게 깨달았던 정치가였습니다. 민심의 중요성을 알았다는 것은 여론의 중요성을 알았다는 말과도 통하지요. 관련해 의미심장한 일화가 있습니다.

問＿ 그렇지 않아도 요즘 민심을 제대로 파악하지 못한 채 우왕좌왕하고 있는 공직자들이나 정치가들 때문에 국민들의 원성이 대단한데 민심과 여론이라니까 귀가 솔깃해집니다.
答＿ 당시 교육의 장소였던 향교가 정적을 비방하고 음해하는 등 비정상적 정치 활동의 장소로 변질되어갔습니다. 자산의 아버지도 향교에서 논의된 정치적 모함 때문에 피살될 정도였어요. 그래서 향교를 폐지하자는 주장이 비등했습니다. 그러나 자산은 이 건의를 일축하면서 다음과 같이 말했습니다.

"조만간 그곳에 모여 권력을 쥔 사람들의 장단점을 논의할 것이다. 그들이 칭찬하는 점은 계속 유지하고 비판하는 점은 고치면 될 터이니 우리의 스승이 될 것이다. 충성스럽게 백성을 위해 좋은 일을 하면 백성의 원성도 줄어들 것이다. 위엄과 사나움만 가지고는 원망을 막을 수 없다. 사람은 누구나 비난을 들으면 그것을 서둘러 제지하려 한다. 그러나 이는 마치 넘치는 홍수를 막으려는 것과 같다. 홍수로 인한 피해는 많은 사람들을 다치게 하여 어찌해볼 수 없다. 제방을 터서 물길을 다른 곳으로 흐르게 하느니만 못하다. 향교를 남겨두는 것은 사람들의 논의를 듣는 것 자체가 좋은 약으로 병을 낫게 하는 것과 마찬가지기 때문이다."

얼마나 민주적인 사고방식인가요? 지금의 우리 사회에 횡행하는 사이비 언론, 가짜 뉴스, 저질 유튜브와 유튜버 들을 한번 떠올려보세요. 정자산은 이런 것들조차 끌어안으려 했던 정치가였고, 민심은 이런 자산의 진심을 잘 헤아렸습니다. 우리 국민들도 그럴 것으로 믿습니다.

問___ 그렇듯 민주적이었던 자산의 정치에 대한 후대의 평가는 어땠나요?

答___ 사마천도 자산을 높이 평가했고, 대대로 자산에 대한 긍정적인 평가는 끊이질 않았습니다. 공자는 자산이 세상을 떠났다는 소식에 눈물을 흘리며 "고인은 유풍을 계승하고 백성을 사랑했던 사람이다!"라고 애도했어요. 『사기』의 평가는 이렇습니다.

"집권 1년 만에 소인배들이 경박한 소행을 범하지 않게 되었다."

말하자면 정치 1년 만에 경범죄가 줄었다는 뜻입니다. "또 머리가 허연 노인들이 짐을 나르지 않게 되었고, 어린애들이 밭을 갈지 않게 되었다." 노약자를 보호했다는 말이지요. "2년째에는 시장에서 이중 가격이 사라졌다." 바가지요금이나 매점매석 따위가 없어지고 공정거래가 이루어졌다는 뜻입니다. "3년째는 밤에 문단속을 하지 않아도 되었고, 길에 물건이 떨어져 있어도 주워 가는 사람이 없게 되었고, 4년째는 농기구를 논밭에 그냥 두고 와도 가져가는 사람이 없었으며, 5년째는 사병들이 병적부에 기록을 남기는 일이 없게 되었다." 탈영이나 병영 사고가 없어져 불미스러운 기록을 남기지 않게 되었다는 의미입니다. 그리고 자산이 죽자 백성들은 "자산이 우리를 버리고 죽었구나! 장차 누구를 따른단 말인가?"라고 통곡을 하며 슬퍼했다고 합니다.

問__ 누군가의 죽음을 많은 사람들이 슬퍼한다는 것, 이것이야말로 그 사람에 대한 가장 솔직하고 확실한 평가가 아닐까 합니다.

答__ 그런데 사마천은 이런 평가 외에 아주 의미심장한 평가를 한 대목 더 배치해 자산의 의미를 부각시켰습니다. 코미디언들, 즉 연예인들에 대한 기록인 〈골계열전〉이라는 곳에서 후대의 보완된 기록이긴 하지만 서문표西門豹라는 위나라의 행정 전문가와 관련된 일화를 소개한 다음 이런 질문을 독자들에게 던집니다.

> "자산이 정나라를 다스리자 백성들이 그를 속일 수 없었고, 복자천宓子賤이 선보를 다스리자 백성들이 차마 그를 속이지 못했고, 서문표가 업 지방을 다스리자 백성들이 감히 그를 속이지 못했다."

이것이 정치학에서 많이 인용하는 유명한 '삼불기三不欺', 즉 '백성이 속이지 않는 세 경우'라는 것입니다. 자, 이 세 사람의 뛰어난 공직자 중 누구의 경지가 가장 높은가, 생각해봅시다. 사마천은 "다스리는 이치를 아는 사람이라면 어렵지 않게 구별할 수 있을 것이다"라고 했지요.

2

충신의 조건: 용기

나를 알아주는 사람을 위해 죽는다

자객 이야기

問___ 『사기』130권을 통틀어 가장 남성적인 부분을 들라면 어떤 것을 들 수 있나요? 『사기』에는 자객 이야기도 있다고 들었습니다.

答___ 자객 이야기도 있고, 조폭 이야기도 있습니다.

問___ 사마천이 자객에 관한 기록을 남긴 이유는 무엇일까요?

答___ 사마천은 『사기』맨 마지막 권인 〈태사공자서〉에서 자기 가문과 자신의 이력을 소개한 다음 나머지 129권을 쓰게 된 동기를 짤막하게 피력했습니다. 〈자객열전〉을 지은 동기에 대해서는 다음과 같이 말하고 있습니다.

"조말曹沫은 비수로 제나라 환공齊桓公을 위협하여 노나라가 잃었던 땅을 되찾게 하고 동시에 제나라로 하여금 거짓으로 맹약하지 않았음을 밝히게 했다. 예양豫讓의 의로움은 군주를 섬기는 데 결코 두 마음을 품지 않았다. 그래서 〈자객열전〉 제26을 지었다."

〈자객열전〉 마지막에 사마천이 남긴 논평을 마저 들어보지요.

"조말로부터 형가荊軻까지 다섯 자객들은 그 의협심을 성공적으로 드러내기도 했고 또는 실패하기도 했다. 그러나 그들의 목적은 아주 분명했고, 자신들의 뜻을 욕되게 하지 않았으니 그 이름들이 후세에 전해진다 해서 잘못된 점은 전혀 없다!"

問___ 제 나름대로 의협심과 뜻이 분명한 사람들이었다는 말로 들리는군요.

答___ 그것이 누군가를 죽이려는 행위로 나타났을 뿐입니다. 『사기』에 나오는 인물들, 특히 자객들이나 유협들은 생사관이 지금 우리와는 많이 달랐습니다. 그렇기 때문에 지금의 가치관이나 생사관으로 이들의 행동을 판단해서는 이들을 이해할 수 없습니다.

問___ 자객들의 구체적인 행적을 들여다보면 이해가 될까요?

答＿ 춘추시대 노나라의 조말曹沫이라는 인물을 살펴보겠습니다. 조말은 용기와 힘이 대단했습니다. 그가 모시던 노나라 장공魯莊公도 힘센 사람을 좋아해 그를 가까이 두었습니다. 조말은 장공의 총애를 받아 장군이 되었고, 동쪽의 제나라와 싸웠는데 세 번 다 패해 도망쳤습니다.

問＿ 노나라의 장군이었던 조말은 어떻게 자객이 되었나요? 장군과 자객, 어울리지도 않고 격도 다르지 않나요?
答＿ 그렇긴 하지만 이후 조말의 행적이 자객에 가까워서 〈자객열전〉에 편입한 것이 아닌가 추측합니다.

問＿ 어찌됐든 노나라 장군으로서 조말은 실패작이라는 말씀이지요?
答＿ 그렇습니다. 하지만 당시 양국의 국력을 비교하면 노나라가 절대 열세였습니다. 그래서 노나라 장공도 땅을 제나라에 떼어주고 화친을 꾀할 수밖에 없었지요.

問＿ 패장 조말에 대한 조치는 없었나요?
答＿ 장공이 워낙 조말을 아꼈기 때문인지, 양국의 전력 차이를 인정해 조말의 책임을 묻지 않은 것인지는 몰라도 그대로 장군의 직책을 유지하게 했습니다. 모르긴 해도 조말은 몹시 수치스러웠겠지요. 세 번이나 패해 도망쳤으니.

間___ 실패를 만회해야겠다는 생각을 했겠군요.

答___ 기회는 오래지 않아 왔습니다. 두 나라가 전후 회담을 열어 화친의 맹약을 맺는 자리를 가졌습니다. 그래서 제나라 환공과 노나라 장공이 단상에서 맹약을 맺는 의식을 거행하게 되었습니다.

제나라 환공은 춘추오패의 첫 주자로서, 유명한 '관포지교'라는 고사성어에서 없어서는 안 될 인물입니다. 포숙이 주군으로 모시면서 최고 통치자 자리에 등극시켰고, 관중은 한때 환공에게 몰래 활을 쏘기도 했습니다. 그래서 환공과 관중은 원수지간이 되었고요. 그러나 환공이 포숙의 청을 받아들여 지난날의 원한을 잊고 관중을 재상으로 발탁해 제나라를 초강대국으로 끌어올렸습니다.

間___ 그러니 노나라가 세 번이나 연속 패할 수밖에 없었겠군요?

答___ 그렇습니다. 조말로서도 역부족이었을 것입니다.

間___ 다시 돌아와서, 맹약을 맺는 단상에서 무슨 일이 벌어졌나요?

答___ 조말이 느닷없이 비수를 들고 단상에 올라와 환공을 협박합니다.

問__ 그런 외교적 결례가 어디 있나요?

答__ 조말이 그걸 몰랐을 리 있겠습니까. 다만 조말은 강한 제나라가 약한 노나라를 심하게 침범해 나라가 위태로울 지경이니 이렇게라도 나서서 나라를 지키지 않을 수 없다며 빼앗은 땅을 돌려줄 것을 요구했습니다. 약자의 설움이지만 조말은 당하고만 있을 수 없다고 판단한 것 같습니다. 그래서 비수로 제나라의 최고 통치자를 위협해 빼앗긴 땅을 돌려달라고 협박한 겁니다.

問__ 제나라도 힘들게 빼앗은 땅인데 돌려줄 리가 없지 않을까요?

答__ 그래도 어쩌나요. 목숨이 달아날 판인데요.

問__ 물론 그 자리에서야 돌려주겠다고 약속하고 지키지 않으면 그만이지 않을까요? 더욱이 외교적 결례는 노나라 쪽에서 먼저 저질렀으니. 그것도 아주 심각한 외교적 문제 아닌가요?

答__ 그렇습니다. 하지만 노나라 처지에서는 궁여지책이었던 거죠. 이렇게라도 해서 잃은 땅을 돌려받을 수만 있다면 천만다행이었겠지요. 환공은 조말의 협박에 못 이겨 땅을 돌려주겠다고 약속하긴 했습니다. 다만 그러고 돌아서서는 성을 내며 약속을 어기려 했지요. 제나라나 환공으로서는 당연한 대응이라고도 할 수 있는데, 이때 관중이 나서 작은 이익 때문에 제후들 사이에서 신망을 잃어서는 안 된다고 충고를 했고, 환공은 땅을 돌려줍니다.

問___ 결론적으로 노나라 장군으로서 국제 회의석상에 뛰어들어 자객 역할을 한 조말의 행동이 뜻하는 바는 무엇일까요?

答___ 약소국 노나라의 조말은 자객을 자청해 강대국의 통치자 환공을 위협해 잃은 땅을 돌려받게 되었고, 환공은 엄중한 외교적 문제로 시비를 걸어 약속을 지키지 않아도 그만이었지만 관중의 충고로 약속을 지킴으로써 당시 최고 최대의 제후국으로서 위신과 명성을 높였습니다. 결과적으로 두 나라 모두 이득을 취하는 이상적 결과를 끌어냈다고 할 수 있습니다.

問___ 사마천의 논평대로 자신의 목적을 분명히 드러내면서 뜻을 욕되게 하지 않았군요. 이런 사람들이 자객이라는 말이로군요.

答___ 〈자객열전〉을 읽어보면 자객들의 모습이 더욱 더 선명하게 드러날 것입니다.

세상이 다 취했는데, 홀로 깨어 있다

굴원의 죽음

間___ 자기 소신을 지키며 살기 힘든 세상입니다. 눈치를 너무 많이
보고 살아요. 무엇이 우리를 이렇게 만드는지 우울합니다.

答___ 소신을 지키며 사는 사람들이 박해받는 일이 많습니다. 하지
만 역사상 옳은 길은 한 번도 편했던 적이 없었습니다. 이런 사람들
이 있음으로 해서 세상이 제 길로 갈 수 있습니다.

間___ 지조 있게 소신을 지키며 살다가 간 인물이 『사기』에는 적지
않을 것 같은데요.

答___ 물론입니다. 사마천이 가장 애정을 가졌던 인물 유형이 바로

지조를 지키다 구박받고 탄압받은 비극적인 인물입니다. 정확하지는 않지만 그런 인물들만 골라봤더니 120명이나 된다는 통계도 있더군요.

問＿＿ 순도 100퍼센트에 가깝게 지조를 지킨 사람 이야기를 듣고 싶어지네요.

答＿＿ 전국시대 초나라의 굴원屈原이라는 애국 시인이 가장 가까울 것 같습니다.

問＿＿ 굴원이라면 초사楚辭라는 시의 형식을 창안한 시인 아닌가요?

答＿＿ 초사는 북방 한나라의 사마상여가 창시한 부賦라는 산문 형식과 비교되곤 합니다. 굴원은 전국시대 말기 천하가 소용돌이치는 시대에 살았습니다. 조국 초나라는 타국과의 경쟁에서 계속 뒤처지고 있었지요. 무능한 통치자와 부패한 기득권 그리고 사악한 간신들이 권력을 좌우하다 보니 국력은 갈수록 쇠퇴하고 백성들은 생계를 꾸리기 어려워 신음했습니다. 강직한 굴원은 나라와 백성을 위해 부패한 세력에 맞서 싸웠지만 역부족이었고, 결국 간신의 모함으로 조정에서 쫓겨납니다. 오갈 데 없는 신세가 된 굴원은 멱라수汨羅水에 이르러 한숨을 내쉬며 조국을 걱정했습니다. 그때 굴원을 본 어부와의 대화가 『사기』에 남아서 전합니다.

사기, 정치와 권력을 말하다 ○

어부: 아니, 당신은 삼려대부三閭大夫(굴원의 벼슬)가 아니시오? 헌데 어찌하여 여기까지 오셨소?

굴원: 세상은 온통 흐린데 나만 홀로 맑고, 모두가 취했는데 나만 깨어 있어서, 이렇게 쫓겨난 것이라오.

어부: 대저 성인은 어떤 대상이나 사물에 얽매이지 않고 세상과 더불어 밀고 밀리는 것이오. 온 세상이 혼탁하다면 어째서 그 흐름을 따라 그 물결을 뒤바꾸지 않고, 모든 사람이 다 취했다면서 어째서 술 찌꺼기를 먹고 그 모주를 마시지 않으시오? 대체 무슨 까닭으로 아름다운 옥과 같은 재능을 가지고도 내쫓기는 신세가 되었단 말이오?

굴원: 듣자 하니 머리를 새로 감은 사람은 갓에 앉은 먼지를 털어내며, 새로 몸을 씻은 사람은 옷에 묻은 티끌을 떨어버린다 했소. 깨끗한 모습을 가진 사람이 때 끼고 더러워진 것을 어떻게 받고 견딜 수 있단 말이오? 차라리 장강에 몸을 던져 물고기의 뱃속에서 장례를 지낼지언정 어찌 희고 깨끗한 몸으로 세상의 먼지를 뒤집어쓴단 말이오?

問__ '온 세상이 다 흐린데 나만 맑고, 모두가 취했는데 나만 깨어 있다'는 대목이 가슴을 저밉니다. 얼마나 고독했을까요?

答__ 바로 그 대목이 '거세혼탁擧世混濁, 유아독청唯我獨淸'과 '중인개

취衆人皆醉, 유아독성唯我獨醒’이라는 명언입니다.

問___ 불교의 ‘유아독존唯我獨尊’이니 ‘독야청청獨也青青’이니 하는 표현과는 어떻게 다른가요?

答___ 본질은 같습니다. 모두 고독함을 상징하는 표현입니다.

問___ 뒤에 ‘머리를 새로 감은…’이라는 대목은 굴원의 지조를 너무 잘 보여주는데요.

答___ ‘신목자필탄관新沐者必彈冠, 신욕자필진의新浴者必振衣’라는 명언으로 남아 있습니다. 그리고 거기에는 또 하나 ‘늘 깨어 있으라’는 메시지가 큰 울림을 주지요.

問___ 늘 깨어 있으라는 말은 당연한 것이지만 그 경지에 오르기란 불가능에 가까운 것 같습니다.

答___ 힘들지만 가야 할 길이라면 기꺼이 가야 하지 않을까요? 인간이 존엄한 까닭도 그 길을 꿋꿋하게 갈 수 있기 때문일 겁니다. 그런 사람이 존경을 받고 귀감이 되는 것이지요.

問___ 굴원은 어떻게 되었나요?

答___ 굴원은 자신의 고고함을 지키기 위해 극단적인 방법을 택했습니다. 자기 말대로 멱라수에 몸을 던져 자결했지요. 사마천은 이 대목을 비장하게 묘사하는데, 강에 몸을 풍덩 던진 것이 아니라 강으로 '서서히 걸어 들어가 가라앉았다'고 합니다. 그것도 돌을 품은 채. 여기서 '회석자침懷石自沈'이라는 명구가 탄생합니다.

問__ 너무 극단적인 선택 아닌가요? 어부의 말대로 세속에 휩쓸리면서도 자기 소신과 철학을 지킬 수 있지 않았을까요?

答__ 물이 너무 맑으면 물고기가 오지 않는다는 말이 있습니다. 어부의 말에 일리가 없는 것은 아닙니다만, 이 문제는 시세를 따를 것이냐 깨끗하게 남을 것이냐의 양자택일이 아니라 정도의 문제이자 경계의 문제입니다. 어느 선에서 어느 정도 시세에 따를 것이며, 어느 선 어느 정도에서 발을 뺄 것이냐 하는 것이죠. 지혜 없이는 불가능한 판단이며, 원칙 없이는 통제하기 어려운 경지입니다. 굴원의 딜레마도 거기에 있었던 것은 아닐까요? 굴원은 자신이 처한 상황에서는 그것이 불가능하다고 판단한 것이죠. 그렇기 때문에 그가 택한 죽음의 방식에 대해 함부로 이러쿵저러쿵할 수 없습니다.

問__ 세상이 다 취했는데 홀로 깨어 있는 경지에 오르기란 쉽지 않지만 그런 자각이 있어야만 세상을 혼탁으로부터 막을 수 있겠다는 생각을 해봅니다.

答__ 하기야 어지러운 세상 때문에 365일 술에 취해 있었던 '깨어 있는' 지사들도 적지 않았습니다. 어느 쪽이나 힘이 들긴 마찬가지 겠지요.

問__ 그렇지만 세상 살기 힘들다고 너무 술에 의존해서는 안 되겠죠. 굴원의 죽음을 헛되게 해서도 안 될 것이고요.

答__ 모두가 제 나름대로 올곧은 생각을 가지고 세상을 바른 쪽으로 이끌어야 합니다. 그래야 굴원과 같은 비극이 발생하지 않을 테고요. 사마천이 하고 싶은 말도 이것이 아닐까요?

사기, 정치와 권력을 말하다

낭만을 위하여

고점리의 노래

問＿ 역사를 살펴보면 드라마보다 더 드라마 같은 사건이 많았던 것 같습니다. 『사기』에도 극적인 장면이 많을 텐데 독자들이 가장 좋아하는 장면은 무엇일까요?

答＿ 아마 많은 사람들이 자객 형가荊軻가 진시황을 암살하러 떠나는 장면을 떠올릴 것 같습니다.

問＿ 비장하면서 쓸쓸하게, 돌아오지 못할 길이라는 걸 알면서도 떠나는 형가의 뒷모습이 상상이 갑니다.

答＿ 친구 고점리高漸離가 연주하는 '축筑'이라는 악기 소리와 형가가 부른 〈역수가易水歌〉는 이 장면을 더 비장하게 만듭니다.

> 바람소리 쓸쓸하고
> 역수는 차갑구나.
> 장부 한 번 가면
> 다시 오지 못할 것을.

問__ 짧은 가사지만 가슴을 때리는 뭔가가 있네요.

答__ 고점리가 연주하는 축이라는 악기 때문일 겁니다. 거문고와 비슷한데 때리듯 쳐서 연주하는 악기입니다. 소리가 긴 여운을 남기는 악기죠.

問__ 그럼 이번에는 진시황을 암살하려고 한 형가 이야기인가요?

答__ 여기서는 형가가 〈역수가〉를 부를 때 축을 연주했던 고점리 이야기를 하겠습니다. 형가 스토리의 조연이긴 했지만 이야기가 워낙 드라마같아 먼저 소개하겠습니다.

問__ 고점리는 형가가 〈역수가〉를 부르며 돌아오지 못할 길을 떠날 때 축을 연주했던 장면에서 끝나는 역할이 아닌가요?

答__ 형가가 진시황 암살에 실패한 다음 고점리 이야기가 회상 장면 내지 못다 한 이야기처럼 이어지고 있다는 사실을 사람들은 잘 모릅니다. 영화를 보면 주요 줄거리는 다 끝났는데 뒷이야기처럼 또 한 장면이 이어지면서 드라마 전체를 되돌아보게 하거나 분위기를 다시 한번 진하게 느끼게 만드는 기법이 있는데, 『사기』에 그런 기법이 제법 보입니다. 고점리는 형가가 연나라에 머물 때 친하게 지냈던 친구였습니다. 두 사람과 백정 이렇게 세 사람은 늘 시장 바닥에서 술 마시며 놀았습니다. 술이 얼큰하게 취하면 고점리가 축을 연주하고 형가가 그에 맞춰 노래를 불렀는데 웃기도 하고 울기도 하면서 안하무인이었다고 합니다.

問__ 그러니까 술친구였군요. 당시 사람들도 지금과 비슷했나 보네요.

答__ 마음이 맞으면 다 그렇게 되겠지요. 그렇지만 형가란 인물이 워낙 호걸이라 주위의 은자나 현인들과도 두루두루 잘 지냈고, 고점리는 이런 형가의 인품을 사모했던 것 같습니다.

問__ 두 사람의 우정이 두터워지는 데에 음악이 중요한 매개체가 되었네요.

答__ 〈자객열전〉의 '형가편' 전체를 관통하는 하나의 주제곡이 있다고 한다면 분명 고점리가 연주하는 축 연주곡이 되겠지요. 그리고 이 '축'은 형가편에서 중요한 장면의 분위기를 고조시키는 중요한 소품입니다. '축'이라는 단어가 모두 10번 나옵니다.

問＿＿ 그러니까 사마천은 형가편을 쓰려고 악기와 그 연주, 말하자면 소리까지 염두에 두고 치밀하게 사전 안배를 했군요.

答＿＿ 소품과 무대장치, 나아가서는 분위기까지 꼼꼼하게 신경을 썼다고 봐야겠지요. 형가를 그렇게 떠나보내고 얼마 뒤 고점리는 형가가 진시황 암살에 실패했다는 소식을 듣습니다. 진시황은 형가와 관련된 인물을 모두 수배했습니다. 그때 고점리는 성과 이름을 바꾸고 남의 집 머슴살이를 합니다.

問＿＿ 처량한 신세가 되었군요. 진시황의 보복이 대단했나 보네요.

答＿＿ 옛날 자신의 생모와 사이가 좋지 않았던 사람들까지 다 찾아내서 보복했을 정도였습니다.

問＿＿ 생모는 진나라가 아닌 조나라 출신 아닌가요?

答＿＿ 조나라를 정복한 뒤 그렇게 했습니다.

問＿＿ 나쁜 짓을 했지만 큰 인물인 줄 알았더니 그런 것도 아니군요. 다시 봤습니다. 고점리는 계속 그렇게 살았나요?

答__ 아닙니다. 송자宋子라는 부잣집 머슴을 지내면서도 행여 손님이 와서 축을 연주할라치면 그 주변을 빙빙 돌면서 연주 솜씨에 대한 품평을 늘어놓았습니다. 이를 본 하인이 주인에게 머슴 주제에 손님 연주 솜씨에 대해 말이 많다고 고자질을 하니까 주인이 불러 고점리에게 축을 연주하게 했습니다. 모두들 크게 놀라면서 너도 나도 술을 권했습니다. 이에 고점리는 이런 식으로 살아봤자 두려움과 고통을 면할 길이 없겠다고 생각해 짐짝에서 자기 악기와 멋진 옷을 꺼내 갈아입고 다시 등장합니다. 객들이 깜짝 놀라 그를 상석으로 모셨죠. 만감이 교차하는 중에 고점리는 다시 축을 연주하며 노래를 불렀는데 눈물을 흘리지 않은 사람이 없었습니다. 아마 형가를 그리워하며 연주하지 않았을까요? 이 소문이 돌고 돌아 진시황의 귀에까지 들어갑니다. 형가의 친구인 고점리라는 사실을 보고받자 진시황은 고점리의 눈을 멀게 한 다음 자기 곁에 두고 축을 연주하게 했습니다. 진시황이 그 나름대로 음악에 조예가 있었던 모양입니다.

問__ 그 방법이 매우 잔인하네요.

答__ 형가의 친구들은 다 잡아 죽였는데 그나마 음악하는 사람이라 봐준 것 같습니다. 고점리의 축 연주가 탐이 나기도 하니까 눈을 멀게 해 자신을 해치지 못하게 조치를 취한 것이죠.

問___ 고점리가 원하는 삶은 아니었겠네요. 눈이 먼 채 진시황, 친구인 형가가 죽이려 했던 폭군의 곁에서 축이나 연주하고 있다니요.

答___ 마지막 극적 반전이 남아 있습니다. 고점리는 자신의 뛰어난 축 연주 솜씨로 진시황의 마음을 샀습니다. 시간이 흐를수록 진시황의 경계심도 느슨해지면서 점점 더 가까이에서 연주하게 했습니다. 그러던 어느 날 고점리는 축 안에다 무거운 납덩이를 잔뜩 넣어 틈을 보다가 진시황을 향해 내리칩니다. 하지만 빗나갔죠. 고점리도 성공하지 못한 거죠. 고점리는 죽었고, 진시황은 평생 다른 6국 출신의 사람들을 가까이하지 않았다고 합니다.

問___ 형가나 다른 자객들은 의리라든지 제 나름의 명분이 있어 누굴 죽이거나 죽이려 했다지만 고점리는 그런 명분도 없고 아무런 이해관계도 없는데 왜 눈까지 멀어가며 진시황을 죽이려 했을까요? 이해가 안 갑니다.

答___ 그걸 누가 알 수 있을까요. 자기 음악을 알아줄 친구가 사라진 뒤에 남은 공허함을 달랠 길 없어 그런 최후를 선택한 건 아닐까요? 어쩌면 개성 넘치는 시대의 한 잔상에 불과한지도 모르겠고요.

問___ 묘한 여운이 남습니다.

答___ 큰 역사 사건에는 큰 지진이 일어난 뒤처럼 여진이 남습니다.

'역사의 여운'이라고나 할까요? 괜히 서글퍼집니다. 동기도 조건도 없이 자신과 어울려 술 마시고 노래 부르며 놀았던 친구를 위해 당시 최고 권력자를 암살하려 한 무모한 낭만. 역수에서 떠나는 형가를 위해 연주했던 〈역수가〉가 귓전을 울리는 것 같습니다. 지금 우리 시대는 정말 어떤 시대인가요? 가슴을 저미는 드라마의 한 장면을 감상하는 느낌 또한 『사기』의 큰 매력입니다.

부끄러움을 알고 잘못을 인정하는 용기

태갑의 '개과천선'

間___ 요즘 우리 사회, 특히 지도층이나 엘리트들의 언행을 보면 거짓말을 하고도 오리발을 내밀고 잘못을 하고도 반성은커녕 인정조차 하지 않는 사람들이 많습니다.

答___ 잘못을 인정하고 반성하고 바로잡는 건 인간만이 할 수 있는 고귀한 행동입니다. 그런데 사람들은 그런 고귀함은 팽개치고 천박하고 나쁘게 변해가고 있어요.

間___ 많이 배우고 지위가 높은 사람일수록 자신의 잘못을 인정하기가 어려운 모양입니다.

答__ 자기 체면, 자기가 배운 얄팍한 지식, 타인에 대한 우월감 등이 몸에 절어서 잘못을 인정할 줄 모릅니다. 큰 문제예요.

問__ 사마천도 사회 지도층이나 권력자들의 이러한 속성을 충분히 알고 있었을 것 같은데요.

答__ 물론입니다. 권력자들의 위선과 독단을 곳곳에서 비판하고 있으며, 이와 동시에 잘못을 알고 뉘우친 사람은 높이 평가했습니다. 이번에는 그런 사람들의 이야기를 좀 들려드리겠습니다.

역사의 시계를 저 멀리 약 3,600년 전 은殷나라로 되돌려보지요. 은나라를 건국하는 데 큰 공을 세운 이윤伊尹이라는 사람이 있었습니다. 관중管仲과 함께 중국의 명재상으로 꼽히는 인물이지요. 이윤은 은나라를 건국한 탕湯 임금이 다섯 번이나 요청해(오청이윤五請伊尹) 발탁한 인재였습니다. 그런 탕 임금을 도와 하나라를 쓰러뜨리고 은나라를 건국했으니 말하자면 재상이자 개국공신이지요. 이윤은 탕이 죽자 그 손자인 태갑太甲을 보좌하게 되었는데, 이 태갑이 문제였습니다.

태갑은 할아버지가 이룩한 탄탄한 기반을 뒤흔들 정도로 포악한 정치를 일삼았습니다. 이런 것을 흔히 '병목위기'라 하는데, 나라든 기업이든 가정이든 막 출발하고 얼마 되지 않아 대개는 한 차례 위기를 맞는 경우가 적지 않습니다. 우리 역사를 봐도 마찬가지였습니다. 고려시대, 조선시대 초기에 다 이 병목위기를 겪었습니다. 은나라도 결국 태갑의 폭정 때문에 위기를 맞았고, 보다 못한 이윤이 힘으로 태갑을 동궁桐宮이라는 곳으로 내쫓고 자신이 섭정했습니다.

問＿ 태갑은 순순히 추방당하고만 있었나요?

答＿ 구체적으로 이윤이 어떻게 했는지는 모르지만 태갑은 3년 동안 동궁에 갇혀 있으면서 깊이 반성했다고 합니다. 기록에 따르면 태갑은 그곳에서 할아버지 탕 임금의 무덤을 찾게 되었는데, 개국 군주의 무덤이 그렇게 간소할 수 없었다고 합니다. 그러면서 주위 백성들이 할아버지의 옛날 일에 대해 이야기하는 것을 들었던 거죠. 모두가 진심으로 할아버지 탕 임금을 칭송했습니다. 태갑은 여기에 충격을 받고는 자신의 잘못을 가슴으로 깨달았고, 동궁에서 홀로 반성하며 자신을 바꾸어갔습니다.

問＿ 이윤은 이런 태갑의 변화를 지켜보고 있었겠지요?

答＿ 당연하지요. 이윤의 목적은 권력 찬탈이 아니었기 때문입니다. 주위의 곱지 않은 시선은 많았지만 묵묵히 태갑의 변화를 지켜보며 기다렸습니다. 그러기를 3년, 마침내 이윤은 태갑이 '개과천선改過遷善'했다고 판단해서 그를 다시 궁으로 모셔와 정권을 고스란히 되돌려주고 무릎을 꿇고 태갑에게 사죄했습니다. 그리고 이윤은 이를 기념하려고 특별히 〈태갑훈太甲訓〉이라는 세 편의 글을 써서 태갑을 찬양했습니다. 태갑에게는 사후에 태종太宗이라는 명예로운 시호가 주어졌습니다. 『상서尙書』라는 옛 정치 교과서에 이 세 편이 남아 있습니다.

問__ 이윤도 훌륭하지만 잘못을 기꺼이 고친 태갑의 용기가 대단하네요.

答__ 공자는 "부끄러움을 아는 것은 용기에 가깝다(지치근호용知恥近乎勇)"고 했고, 맹자는 "부끄러운 마음이 없으면 사람이 아니다(수오지심羞惡之心)"라고까지 했습니다. 말이 나온 김에 잘못을 인정하고 고치는 것과 관련해 속담 몇 개를 소개해보겠습니다. 중국 속담에 '방탕한 자식의 개과천선은 황금과도 바꿀 수 없다'는 말이 있습니다.

問__ 개과천선이 그만큼 어렵고 힘들다는 뜻이겠지요.

答__ '잘못을 알고 고치는 일보다 큰일은 없다'는 말도 있습니다.

問__ 그래서 공자께서 '부끄러움을 아는 것은 용기에 가깝다'고 하셨겠지요.

答__ 순도 100퍼센트인 금이 없듯이 완벽한 사람도 없습니다. 누구나 실수하고 잘못을 저지르죠. 그러니 잘못을 알고 고치는 것이 더 중요합니다.

間＿ 하지만 우리 현실이 어디 그런가요? 지도층부터 거짓과 위선이 판을 치니 보통 사람들도 웬만해선 잘못을 인정하려 하지 않습니다. '저 사람들도 저러는데 내가 왜?' 이런 마음인 거죠.

答＿ 바로 그것이 큰 문제입니다. 자신의 잘못을 분명히 알면서도 인정하지 않고 고치지 않으면 그 결과는 아주 크게 나타납니다. 천리 제방도 개미구멍 때문에 무너지지 않습니까.

間＿ 잘못을 인정하는 용기, 부끄러움을 아는 용기가 절실한 현실입니다.

答＿ 우리는 자신이 잘하는지 못하는지 분명히 알고 있습니다. 잘못하는 즉시 인정하고 그 잘못을 반복하지 않으려고 노력하는 일이 중요합니다. 잘못을 고치는 일을 미루기 시작하면 그것이 습관이 되고 나중에 가면 무신경해집니다. 그러면 남의 탓만 하게 되고 자기 합리화 내지 확증편향 등 못된 고질병에 걸려 구제불능이 됩니다.

間＿ 완전무결한 사람은 없죠. 실수나 잘못은 그 즉시 인정하고 바로잡으면 됩니다.

答__ 그러기 위해서는 먼저 부끄러워하는 마음이 있어야 합니다. 그래야 사회와 내 개인의 명성과 이익을 앞에 두고 어느 것이 우선인지 가릴 줄 알고, 빈부와 득실 그리고 의리를 두고 올바른 취사선택을 할 수 있습니다.

問__ '부끄러워하는 마음이 없으면 사람이 아니다'라는 맹자의 말씀을 가슴에 새겨두겠습니다.

答__ 사람이 되려는 용기부터 갖도록 해야겠습니다.

황제라도 내 주군을 모욕할 순 없다

관고의 충정

問___ 『사기』는 마르지 않는 샘과 같다는 생각이 듭니다. 어떻게 이렇게 흥미로운 이야기들이 끊임없이 나오는지 모르겠습니다.

答___ 거친 통계이긴 하지만 『사기』에 등장하는 인물만 4,000명이 넘고, 주인공은 200명이 넘습니다.

問___ 이번에는 어떤 이야기와 주인공이 기다리고 있나요?

答___ 한나라를 세운 고조 유방의 가족 이야기를 해볼까 합니다.

問___ 아내 여태후는 유명한 여장부라고 알고 있습니다만, 아들과

딸은 잘 모르겠습니다.

答___ 아내도 자식도 아닌 사위 장오張敖와 그를 모시던 관고貫高라는 인물을 소개합니다.

問___ 유방의 사위에 얽힌 이야기라니. 어떤 내용인지 궁금합니다.

答___ 좀 살벌하고 비장한 이야기입니다. 유방과 정실 여후 사이에는 아들 하나 딸 하나가 있었습니다. 아들은 유방의 뒤를 이어 2대황제로 즉위한 혜제惠帝이고, 딸은 노원공주魯元公主였는데 진나라말기 위魏나라의 명사로서 조왕趙王에 봉해졌던 장이張耳의 아들 장오와 결혼했습니다. 정략결혼에 가까웠던 것으로, 그 당시만 해도 유방보다는 장이의 명성이 더 높긴 했죠. 하지만 두 사람의 결혼은 나중 일입니다. 한나라 건국 후 얼마 되지 않아 장이가 죽자 유방은 아들 장오로 하여금 아버지의 조왕 자리를 물려받게 했습니다. 기원전 200년 유방은 흉노와 평화협정을 맺은 뒤에 사위의 봉국인 조나라를 들러서 가게 되었습니다.

사위 장오는 갖은 정성을 다해서 장인을 모셨습니다. 자신이 직접 옷과 음식을 드리는 등 더할 수 없이 장인을 받들었죠. 그런데 유방의 성질이 문제를 일으켰습니다. 유방은 원래 시정잡배나 다름없었습니다. 술과 여자는 기본이고 욕쟁이이기도 했죠. 기분이 좋은 나머지 옷은 벗어 던지고 벌러덩 누운 자세로 사위에게 차마 입에

담지 못할 욕을 해댔는데, 그것이 도를 넘고 말았습니다.

問__ 사람의 기질이라는 게 참 바뀌기 힘든 모양입니다.

答__ 기질이 운명을 결정한다는 그리스 속담도 있지 않습니까. 황제의 욕설과 무례가 도를 넘자, 장오를 모시던 관고와 조오朝旿 등이 불만을 터뜨렸습니다.

問__ 불만을 가질 수는 있지만 자기가 모시는 사람의 장인이자 황제인데 어쩔 수 있나요?

答__ 당시 관고 등은 이미 환갑을 넘긴 노인들이었는데 어린 주군이 모욕을 당하는 것을 보니 참을 수가 없었습니다. 더욱이 사위가 극진히 장인을 모시는데도 그런 대접을 받으니 화가 날 수밖에 없었겠지요. 놀랍게도 황제를 죽이겠다는 말까지 나왔습니다. 조왕 장오가 깜짝 놀라며 말리는 통에 한발 물러섰지만 관고는 그냥 넘어가지 않았습니다. 장오에게는 알리지 않고 자기들끼리 기어이 황제를 죽이려는 암살 계획을 짰습니다. 자신들이 모시는 주군이 모욕을 당한 것은 곧 자신들을 모욕한 것이나 마찬가지라 여겼습니다. 자신들은 누구에게도 모욕을 당하지 않겠다는 원칙으로 살아온 사람들이었거든요. 이것이 관고가 내세운 이유였습니다.

유방은 황궁으로 돌아갔습니다. 하지만 관고 등은 암살 계획을 포기하지 않고 기회를 기다렸죠. 그러다 이듬해인 기원전 199년 유방이 조나라를 지나게 됩니다. 이 정보를 입수한 관고는 유방이 머무르게 될 '백인현柏人縣'이라는 곳의 숙소 벽 안에다 무사를 매복시키죠. 아무것도 모르는 유방은 기분 좋게 숙소에 도착했습니다. 그런데 숙소에 도착한 유방이 그 지역에 대해 이런저런 것을 묻던 중 지명이 '백인현'이라는 말에 무슨 생각이 들었던지 갑자기 숙소를 다른 곳으로 옮기게 했습니다.

問＿ 자신을 암살하려는 사실을 눈치챈 것도 아니고 지명만 듣고 숙소를 옮기게 했다는 말인가요? 유방이 귀신도 아니고 대체 무슨 사연인가요?

答＿ '백인'이라는 지명의 '백'을 유방의 고향인 패현沛縣식으로 발음하면 사람을 압박한다는 의미의 '박迫'과 같았다고 합니다. 그러니까 '백인'을 곧 '사람을 궁지에 몬다'는 뜻으로 알아들은 것이고, 그래서 기분이 나빠 숙소를 옮기게 한 것이죠.

問＿ 유방의 즉흥적인 기질이 자신을 살린 셈이군요.

答＿ 그렇습니다. 유방은 이런 재수 없는 지명을 가진 곳에는 머물러봤자 좋을 게 없다며 횡하니 그곳을 떠나버렸습니다.

間___ 관고의 치밀한 계획이 한순간에 물거품이 되어버렸네요.

答___ 정말 허망하고 허탈했을 겁니다. 그런데 사건이 그걸로 끝이 아니었습니다. 관고의 유방 암살 계획이 새어나가면서 사태가 엉뚱한 방향으로 흐르기 시작했습니다. 한나라를 개국한 황제 유방의 암살 사건은 『사기』를 꼼꼼히 읽지 않으면 잘 모르고 넘어갑니다. 더욱이 암살이 미수로 끝났기 때문에 단순한 해프닝 정도로만 여기고 눈길을 주지 않죠.

間___ 암살 계획도 그렇지만 관고라는 인물도 생소하긴 마찬가지입니다. 자신이 모시는 주군에게 모욕을 준 것은 자신에게 모욕을 준 것이나 마찬가지라며 황제를 암살하려 한 관고는 어떻게 되었나요? 암살 기도가 탄로 난 이상 무사할 수는 없었을 텐데요.

答___ 지명도는 미미하지만 대단히 매력적인 인물임에는 틀림없습니다. 관고도 문제지만 사위인 조왕 장오도 무사할 수 없었겠지요. 황제의 사위인 조왕 장오를 비롯해 관고와 관련 인물들이 죄다 잡혀 들어갔습니다. 게다가 관련자 10여 명이 앞다투어 목을 긋고 자결하는 통에 일은 커져만 갔습니다.

間___ 관고도 자결했나요?

答___ 그렇지 않습니다. 관고의 기질로 봐서는 당연히 맨 먼저 자결했을 것 같지만, 그의 주군인 조왕이 함께 잡혀 있다는 사실을 생각해봅시다. 관고는 그렇게 어리석지 않았습니다. 관고와 그 일당은 조왕 장오 몰래 일을 꾸미지 않았나요? 그런데 자기들 때문에 조왕까지 연루되어 억울하게 옥에 갇혀 있으니 이 문제를 꼭 해결해야 했겠죠. 관고는 일당들에게 "자살이면 사건이 해결되는 줄 아는가, 너희들이 다 죽고 나면 조왕은 어쩌란 말인가, 조왕을 위해 사실을 밝혀야 하지 않겠느냐"고 했습니다. 그래서 관고는 조왕과 함께 수도 장안으로 압송되었습니다.

間__ 수도로 압송되었으니 이제 전국적인 사건이 되었겠군요. 관고와 조왕에게는 미안한 말이지만 점입가경漸入佳境이네요.

答__ 전국의 눈과 귀가 두 사람에게 집중되었습니다. 관고에게 지독한 고문이 가해졌죠. 조왕까지 압송한 이상 조왕도 이 사건에 연루시킬 수밖에 없었고, 그래서 고문을 가한 것이지요.

間__ 조왕의 억울함을 밝히겠다고 호언장담했으니 고문에 굴복할 수 없었겠지요?

答__ 관고는 오로지 한마디, "주모자는 나다. 조왕은 모르는 일이다"라는 말만 되풀이했습니다. 수천 번의 채찍질과 불에 달군 쇠꼬챙이가 관고의 몸을 파고들었지만, 관고의 입에서는 고문보다 더 지독하게 똑같은 소리만 나왔습니다. 사건을 맡은 관리가 이런 사실을 황제에게 보고하자 유방은 자기도 모르게 관고에 대한 존경심이 우러났죠. 유방이라는 위인이 원래 그랬습니다. 자기가 못하는 것을 잘하거나 자기와는 다른 인격체를 만나면 바로 인정하고 존중할 줄 알았습니다. 그런 장점 때문에 건달에서 황제가 된 겁니다. 관고는 어떤 사람일까 하는 궁금증이 발동한 유방은 사람을 감옥에 보내 관고와 개인적으로 교류하며 그 됨됨이를 알아보게 했습니다.

問___ 유방은 참 대단한 사람이네요.
答___ 중대부中大夫 설공薛公이라는 인물이 자진해서 감옥에 들어가 관고에게 심경을 물었습니다. 고문으로 만신창이가 된 관고는 가쁜 숨을 몰아쉬며 이렇게 말했습니다.

"내 가족들을 비롯하여 삼족이 이미 다 처형되었는데도 내가 왜 이렇게 완강하게 목숨을 부지하려는 줄 아는가? 나의 이 힘겨운 생명과 조왕의 결백을 바꾸기 위해서다. 왜냐고? 조왕은 누가 뭐래도 반역하지 않았기 때문이다."

問___ 누군들 자기 목숨이 아깝지 않을까요? 자신의 목숨으로 조왕의 결백을 밝히겠다는 관고의 말이 폐부를 찌릅니다.

答__ 관고는 내친 김에 사건의 자초지종을 밝혔고, 이를 알게 된 유방은 조왕을 사면하는 한편 관고도 사면하기로 했습니다.

問__ 관고의 용기가 주군을 살리고 자신도 살렸군요.

答__ 주군이 석방된다는 소식에 관고는 뛸 듯이 기뻐했지만, 정작 자신도 사면될 것이라는 소식에는 덤덤했습니다. 그러면서 이렇게 말했습니다.

> "내가 성한 곳 한 군데 없을 정도로 혹형을 당하면서도 죽지 않은 것은 조왕께서 모반하지 않았다는 사실을 밝히기 위해서였다. 지금 왕께서 석방되셨으니 내 책임을 다한 것이니 이제 죽어도 여한이 없다. 하물며 신하가 임금을 시해하려 했다는 오명을 지게 되었으니 무슨 면목으로 주군을 다시 섬기겠는가? 황제가 나를 살려주신다 해서 내 마음의 부끄러움까지 사라질 수 있겠는가?"

그러고는 자기 목의 혈관을 끊어 자결했습니다.

問__ 저런! 보통 사람으로는 이해하기 힘든 행동이네요.

答__ 지금은 자살을 죄악시하지만, 그 당시는 그렇지 않았습니다. 관고는 모욕을 당하자, 그것이 천자라도 상관 않고 자기 판단대로 행동했습니다. 그에게는 그만의 원칙이 있었고, 굳센 절개가 있었습니다.

間___ 바로 그런 점이 비굴한 우리를 부끄럽게 만드는 것 아닌가요?

答___ 그렇습니다. 잘못을 해놓고 잘못한 줄 모르고, 심지어 적반하장으로 큰소리치는 사람이 얼마나 많습니까. 특히 사회 지도층 인사 중에 이런 사람이 많기 때문에 백성이 절망하고 신음하는 겁니다.

間___ 살아도 죽은 것만 못하다는 '생불여사生不如死'라는 말이 문득 떠오릅니다.

答___ "죽어야 할 때 죽지 못하면 살아도 산 것이 아니다", 그게 진짜 치욕입니다. 다시 말해 결단을 내려야 할 때 내리지 못하거나 물러나야 할 때 물러나지 못하면 두고두고 비난을 받고 손가락질을 받는 것이죠.

間___ 인간의 품격이 바로 그 지점에서 갈라지는 것 아닐까요? 삶에도 죽음에도 당당한 이유가 있어야 합니다.

答___ 그런 면에서 볼 때, 관고는 주군의 명예를 지키기 위해 삶을 선택했고 자신이 한 행동, 즉 반역에 대해 당당히 책임지기 위해 죽음을 선택했다고 볼 수 있습니다.

3

충신의 조건: 슬기

소하가 만들고 조참이 따른다

조참의 '소규조수'

問__ 청문회를 통해 우리나라 고위 공직자, 특히 국무총리나 장관 후보자들이 수난당하는 모습을 흔히 볼 수 있습니다. 그만큼 중요한 자리이기 때문일 텐데요. 옛날 왕조시대에 재상은 어땠나요?

答__ 어떤 면에서는 옛날 재상보다 오늘날 국무총리의 권한이 더 형편없어 보입니다. '일인지하만인지상一人之下萬人之上'이라는 말로 재상의 위치를 높이 정의했고, 왕의 자질이 부족할 때는 재상의 역할과 권한이 훨씬 더 중요했습니다.

問__ 역사라는 것이 꼭 진보하는 것만은 아닌 것 같습니다.

答___ 물론입니다. 인간이 만든 제도라는 것이 완벽할 수는 없습니다. 시대와 상황 그리고 사람에 따라 변질되거나 원래 취지를 제대로 살리지 못하는 경우가 많으니까요.

問___ 『사기』에도 재상들이 많이 등장할 텐데, 생각해볼 거리를 주는 인물이 없을까요?

答___ 조참曹參이라는 인물을 소개하고 싶습니다. 조참과 관련해서는 '소규조수蕭規曹隨'라는 고사성어가 유명합니다. 뜻풀이를 하자면 '소하가 만들고 조참이 따른다'가 되지요. 유방과 같은 고향 출신이었던 소하蕭何와 조참이 차례로 재상이 되었는데, 조참이 재상이 된 뒤로는 소하가 만들어놓은 규칙을 따랐다고 해서 이런 고사성어가 생겨났습니다.

問___ 그러니까 조참이 소하 뒤를 이어 재상이 된 다음에는 아무 일도 하지 않고 소하가 만들어놓은 규정이나 시스템을 그대로 따랐다는 말인가요? 소하가 완벽하게 재상 역할을 수행했나 보네요?

答___ 그런 셈입니다. 그래서 표면적으로 조참은 역사상 가장 팔자가 좋은, 좋다 못해 팔자가 늘어진 재상으로 남아 있습니다. 무장이었던 조참은 유방을 따라 천하쟁패의 선봉장이 되었습니다. 기록에 따르면 그는 중요한 전투에는 거의 다 참여했는데 두 나라, 122개의 현을 함락시켰고, 왕 두 명, 재상 세 명, 장군 여섯 명을 포로로 잡는 등 타의 추종을 불허하는 전공을 세운 최고 장수였습니다.

問___ 무장으로서 재상의 자리에 올라 정치까지 잘했다면 보통 사람이 아니었겠군요.

答___ 그렇습니다. 거기에 말재주와 유머 감각까지 갖춘 만능이었습니다. 소하가 죽자 조참은 시종들에게 짐을 꾸리게 하면서 "내가 곧 입궐해 재상이 될 것이다"라고 했습니다. 황제가 소하의 후임으로 자신을 부를 것을 예상한 것이죠. 그렇게 재상이 되어서는 앞서 말한 대로 소하가 제정한 규정이나 법령을 하나도 고치지 않고 그대로 따르며 직무를 수행했습니다.

問___ 그렇다면 자기 색깔이 없었단 말인가요?

答___ 천만에요, 전혀 그렇지 않습니다. 그는 우선 문장을 잘 꾸미거나 말 잘하는 관리들을 내치고, 순박하고 중후한 장자들만 승상부丞相府 관리로 임명하는 인사 개편을 단행했습니다. 얄팍한 말과 문장으로 사사로운 명예만을 추구하는 자들을 싫어했던 것이죠. 그러고는 밤낮으로 술만 마셨습니다.

問___ 조참의 인사 스타일이 의미심장하네요. 외화내빈 스타일의 정치가와 고위직 공직자가 판을 치는 요즘 우리 상황을 볼 때 시사하는 바가 큽니다. 그건 그렇고 그렇게 매일 술만 마시고도 아무 탈이 없었나요? 지금은 말할 것도 없고 그때도 용납되지 않았을 것 같은데요?

答__ 2,200년 전이고 시대 상황이나 정치적 분위기가 전혀 다르긴 했습니다. 하지만 마저 이야기를 듣고 나면 느끼는 바가 있을 겁니다. 이런 조참의 모습을 보다 못한 관리나 빈객들이 충고라도 할라치면 조참은 좋은 술을 권해 다 같이 취하게 한 다음 그대로 돌려보냈습니다. 늘 그렇게 했습니다. 한번은 재상의 집 후원과 붙어 있는 관리들의 기숙사에서 허구한 날 술 마시고 노래 부르며 떠드는 일이 발생하자 재상부 관리들이 조참을 후원으로 모셔 그 광경을 직접 보게 했습니다.

問__ 그렇게 해서 그 관리들을 처벌하게 하려는 의도였군요?

答__ 하지만 조참은 관리들을 처벌하기는커녕 그들과 어울려 함께 술 마시고 노래 부르고 놀았습니다.

問__ 팔자 늘어진 재상임에는 틀림없지만 그러다 나라 꼴이 엉망이 되지 않았을까 걱정입니다.

答__ 젊은 황제 혜제도 그게 걱정이 되었던지 조참의 아들에게 아버지에게 그렇게 술만 마시고 언제 일을 할 것이냐고 묻게 하면서, 자신이 시켰다고 하지 말라고 당부했습니다. 아들 조줄曹窋이 이를 아버지에게 말하자 조참은 아들의 종아리를 200대나 때리고는 그건 네 놈이 상관할 일이 아니니 얼른 들어가 황제나 잘 모시라고 호통을 쳤습니다.

問__ 황제가 시켰다는 것을 눈치챘나요?

答__ 거기까지는 잘 모르겠지만, 아마 눈치챘을 것 같습니다. 아무튼 조회 때 황제는 그 일로 조참을 나무랐습니다. 그러자 조참은 관을 벗고 사죄하면서 이렇게 물었습니다.

"폐하께서 보실 때 폐하와 고제(고조 유방) 중 누가 더 뛰어나다고 생각하십니까?"

"짐이 어찌 감히 선제를 넘보리오?"

"그럼 저와 소하 중 누가 더 능력이 낫다고 보십니까?"

"그야 그대가 소하만 못하지."

"폐하의 말씀이 옳습니다. 고제와 소하가 천하를 평정하고 법령도 제대로 갖추어놓았습니다. 그래서 폐하께서는 팔짱만 끼고 계시면 되고, 저는 직분만 지키면서 옛 법도를 따르기만 해도 잃을 것 없다면 그게 좋은 것 아닙니까?"

問__ 정말 의미심장하네요. 갖추어진 법령대로 따르면 될 일을 괜히 나서서 천하를 들쑤시고 백성들을 괴롭힐 필요가 없다는 말 아닌가요?

答__ 그렇습니다. 그 경지야말로 통치의 최고 경지가 아닐 수 없습니다. 그래서 조참이 죽자 백성들은 그를 위해 이런 노래를 불렀다고 합니다.

> 소하가 제정한 법
> 한 자 한 자 밝고 곧았네.
> 조참이 대를 이어
> 지켜가며 그 뜻을 잃지 않았네.
> 정청무위의 정책을 집행하니
> 온 백성이 하나같이 편안하네.

問__ 조참처럼 재상 노릇을 할 수 있다면 최상이지요. 그런데 이런 경지는 현실과 거리가 먼 유토피아 같다는 생각이 듭니다.

答__ 물론 제도와 법이 잘 갖추어지고 그것을 어김없이 지키는 성숙한 의식이 전제 조건이겠지만, 사실 우리 사회의 법이나 제도도 보완할 점은 있지만 잘 갖추어져 있습니다. 문제는 그것을 지도층부터 제대로 지키지 않을 뿐 아니라 심지어는 악용하는 데 있지요.

問__ 맞습니다. 약속과 정해놓은 법과 질서를 지키지 않으면 안 된다는 성숙한 의식은 현대라고 해서 더 나은 건 아닌 것 같습니다.

答__ 술만 마시고도 재상 자리를 잘 수행한 조참이 보여준 삶의 경지가 보통이 아니라는 생각이 듭니다. 완전히 손 놓고 방치한 것이 아니었습니다. 명예와 사욕만 추구하는 약아빠진 관리들을 내보내고 우직하고 후덕한 인재들을 기용한 첫 번째 조치만 보아도 그가 차원 높은 통치술을 갖춘 인물이었다는 것을 알 수 있습니다.

인재가 제 발로 찾아오게 하는 방법

죽은 말 뼈다귀 이야기

問___ 역사상 가장 팔자 편했던, 하지만 차원이 다른 통치술을 보여
준 조참의 이야기였습니다.

答___ 팔자 좋은 재상 조참이 마시던 술 향기가 우리 옆에서도 솔솔
풍겨 왔으면 하는 바람입니다. 이어서 죽은 말 뼈다귀 이야기를 할
까 합니다.

問___ 벌써부터 흥미를 끄는데 이야기를 따라가보지요.

答___ 주나라 초기, 지금의 북경과 하북성河北省 지역에 근거지를 둔
제후국 연나라가 있었습니다. 주나라 초기에 왕실의 친척인 소공召

公이 이곳을 봉지로 받아 통치하기 시작한 유서 깊은 제후국입니다. 하지만 전국시대에 들어서 국력이 시들해지더니 기원전 4세기 말 국왕 희쾌姬噲에 이르러서는 신하인 자지子之에게 왕이 살해당하는 지경에까지 이르렀죠. 쾌의 아들 태자 평平이 난국을 가까스로 수습하고 왕권을 회복하기는 했지만 갈 길이 험난했습니다. (이 부분에 대한 기록을 의심하는 전문가가 적지 않지만 여기서는 이야기의 매끄러운 전개를 위해 기록을 따라가겠습니다.)

問＿ 나라가 그런 지경에 빠지면 가장 급한 일이 국정 전반을 수습할 유능한 인재를 구하는 것 아닐까요?

答＿ 그렇습니다. 새로 즉위한 소왕昭王은 나이는 많지 않았지만, 나라의 흥망성쇠가 인재에게 달려 있다는 점을 절감했습니다. 아버지가 비참하게 당하는 모습을 직접 보았기 때문에 충직한 인재가 얼마나 중요한가를 뼈저리게 느꼈던 것입니다.

問＿ 연나라 백성들로서는 그런 인식을 가진 왕이 즉위해서 다행이었겠네요.

答＿ 소왕은 자신을 보필할 충직한 인재를 확보하기 위해 연나라의 원로인 곽외郭隗를 직접 찾아가 자문을 구했습니다. 그러자 곽외는 먼저 옛날이야기를 하나 들려주었는데 그게 바로 죽은 말 뼈다귀 이야기였습니다. 이야기는 이렇습니다. 옛날에 말을 아주 좋아하는 군주가 있었습니다. 그는 전국에 천리마를 후한 값에 사겠다는 방을 내거는 등 좋은 말을 얻으려고 온갖 방법을 동원했습니다. 그러나 3년이 지나도록 천리마를 구하지 못했습니다.

問___ 왕이 좋은 값으로 천리마를 사겠다는데 왜 나서지 않을까요? 천리마가 없었나요?

答___ 전국에 천리마가 한 마리도 없지는 않았겠지요. 아무튼 그러던 어느 날 신하 한 사람이 나서며 자신에게 황금 1,000냥을 주면 천리마를 구해 오겠노라 큰소리를 칩니다. 왕은 왜 지금까지 가만히 있었느냐고 핀잔을 주면서도 천리마를 얻을 욕심에 신하에게 황금 1,000냥을 내어줍니다. 그리고 이 신하는 길을 나선 지 얼마 되지 않아 천리마를 찾아냈습니다.

問___ 아니 그렇게 쉽게 찾을 수 있는 천리마를 왜 그렇게 찾아 헤맸단 말인가요?

答___ 그에 대한 답은 이야기가 끝나야 알 수 있습니다. 그런데 일이 꼬이려는지 신하가 천리마를 사러 그 집에 가기 며칠 전 천리마가 병으로 죽고 맙니다. 신하는 도중에 발길을 돌리지 않고 그 집에 찾아가 죽은 천리마의 뼈다귀를 황금 500냥을 치르고 사 옵니다.

問___ 왕으로서는 성이 더 났을 것 같습니다. 천리마를 구하지 못한 것도 안타까운데 죽은 말 뼈다귀를 500냥씩이나 주고 사 오다니요.

答___ 하지만 신하는 며칠 기다리면 천리마들이 제 발로 왕을 찾아올 것이라며 느긋한 모습을 보였습니다. 신하의 예언대로 며칠 지나지 않아 궁궐 문밖에 말들의 울음소리가 울려 퍼졌습니다. 왕이 나가 보니 듣도 보도 못한 명마 여러 마리가 몰려와 있었죠. 이렇게 해서 왕은 한 번에 여러 마리의 명마를 손에 넣을 수 있었습니다. 여기까지가 곽외가 들려준 이야기입니다.

問___ 천리마가 인재인 셈이군요. 그런데 왕이 그렇게 여러 경로로 천리마, 즉 인재를 우대하겠노라 공표했는데도 3년이 지나도록 얻지 못한 이유는 무엇일까요?

答___ 인재들은 그 말이 진실인지 확신할 수 없었기 때문입니다. 그러다 죽은 말 뼈다귀(중간 정도의 인재)조차 500냥을 주고 사는 것을 보고는 우르르 몰려든 겁니다. 나보다 못한 저 정도의 인재를 저렇게 우대하는데 나는 오죽하겠느냐는 확신이 선 것이지요.

問___ 최고 인재를 얻으려면 그보다 못한 인재를 먼저 데려다 우대하라는 말이네요.

答___ 정확합니다. 곽외는 이야기를 마치면서 소왕에게 자기처럼 별다른 재능을 갖지 못한 사람을 우대하면 뛰어난 인재들이 제 발로 걸어올 것이라고 확언했습니다. 소왕은 먼저 곽외를 위해 좋은 집과 사무실을 마련하는 등 크게 우대했죠. 그리고 그 집을 인재를 초빙하는 곳이라는 뜻의 '초현대招賢臺'라고 이름 지었습니다. 그 후 명장으로 이름난 악양樂羊의 후손인 악의樂毅라는 무장을 비롯해 추연鄒衍, 극신劇辛 등과 같은 당대의 기라성 같은 인재들이 연나라를 찾았는데, 이를 두고 후세 사람들은 '선비들이 앞다투어 연나라로 달려왔다'는 뜻으로 '사쟁주연士爭湊燕'이라는 성어를 만들어 냈습니다.

問__ 뛰어난 인재를 채용하기 위해 치열한 경쟁을 벌이고 있는 오늘날, 죽은 말 뼈다귀 이야기는 어떤 방법으로 최고 인재를 모셔 올 것인가에 큰 시사점을 주네요.

答__ 그렇습니다. '최고 인재를 채용하려면 먼저 중간급 인재를 진심으로 후하게 대접하라. 그러면 최고 인재는 제 발로 찾아온다.' 이것이 이 이야기의 주제입니다.

나는 신용을 잃지 않았다

슬기로운 사람 해양

問___ 나라가 여러모로 어수선합니다.

答___ 이럴 때일수록 슬기가 필요하지요.

問___ 슬기, 참 좋은 우리말입니다.

答___ 한자로는 지혜智慧가 어울리겠지요.

問___ 그럼 이번엔 『사기』에 나오는 슬기로운 인물을 만나보는 건 가요?

答___ 춘추시대, 그러니까 기원전 6세기 초 진晉나라의 해양解揚이라는 인물의 슬기를 소개할까 합니다.

問___ 처음 듣는 인물이네요.

答___ 『사기』에는 숨은 인재가 많습니다. 때는 기원전 595년, 장강 이남의 강대국 초楚나라 장왕莊王이 소국 송宋나라를 공격하고 있었습니다.

問___ 전쟁 이야기인가요?

答___ 전쟁과 외교, 그리고 이런 상황을 풀어가는 지혜로운 해양의 이야기입니다. 해양은 초나라도 송나라도 아닌 진나라 사람입니다.

問___ 진나라 사람이 두 나라 전쟁과 무슨 관계가 있나요?

答___ 당시 진나라도 초나라 못지않게 큰 나라였습니다. 송나라처럼 작은 나라가 큰 나라인 초나라의 공격을 받았으니 어땠을까요?

問___ 진나라에게 도움을 요청했군요.

答___ 그렇습니다. 진나라는 송나라의 구원 요청을 받고는 고민이 많았습니다. 송나라를 돕자니 막강한 초나라와 한판 붙어야 하고, 모른 척하자니 제후국들 사이에서 큰형님으로 통하고 있는데 위신이 서지 않고 해서, 진나라는 일단 시간을 벌어야겠다고 판단했습니다. 그래서 용기와 지혜를 겸비한 해양을 사신으로 삼아 송나라에 보내 항복하지 말고 굳게 지키면서 구원을 기다리라는 메시지를 전달하려 했지요. 해양이 어쨌거나 송나라로 들어가야 이 메시지를 전달할 수 있는데 초나라가 송나라 도성을 물샐틈없이 포위하고 있으니, 메시지 전달은커녕 송나라 도성으로 들어가는 일이 문제였습니다. 생각 끝에 해양은 고의로 초나라와 가까운 정나라로 방향을 돌렸습니다. 초나라와 친한 정나라가 해양을 그냥 보내줄 리 만무할 테니까요.

問__ 그러니까 정나라로 하여금 자기를 잡아서 초나라 군영으로 보내게 했단 말인가요? 그럴 것 같으면 초나라 군영으로 바로 가면 되지 않나요?

答__ 그게 그렇게 단순하지 않습니다. 바로 가는 것과 한 단계 거치는 것은 심리적인 효과가 다릅니다. 해양이 바로 진나라 사신 자격으로 초 군영에 갔다면 결과적으로 송나라에 진나라의 메시지를 전달하기가 불가능했을 겁니다. 그럴 기회가 아예 주어지지도 않았을 테고요. 또 전쟁 상황에서 초와는 상관없는 일을 가지고 초 군영에 간다는 것도 그렇고요.

問__ 정나라를 거친다고 해서 달라질 것이 있나요?

答___ 정나라로 하여금 간접적으로 자신의 일을 초 군영에 전달하려 한 겁니다.

問___ 그러면 초나라 왕이 해양에게 사실관계를 확인할 것이고, 그때 무슨 수를 강구하겠다는 셈이 섰군요.

答___ 바로 그겁니다. 초왕은 해양의 의도를 알고는 엄청난 재물을 주면서 송나라에 가서 진나라에 일이 있어 구원병을 보낼 수 없다는 메시지를 전하라고 구슬려냈습니다.

問___ 초왕은 해양을 역이용하려는 속셈이었군요.

答___ 그게 통한다면 힘들이지 않고 송나라를 정복할 수 있으니까요. 초왕은 자기 말을 듣지 않으면 죽이겠다고 해양을 협박했습니다. 그러자 해양은 짐짓 두려운 기색을 띠면서도 재물에 욕심을 보이는 척했죠. 그러고는 자신을 송나라 성 가까이 데려다주면 초왕의 말대로 하겠다고 약속했습니다.

問___ 초왕의 꼬임에 넘어갔네요.

答___ 초왕은 해양을 높은 전망대 같은 구조물에 앉혀 송나라 성 가까이까지 올려 보냈습니다. 송나라 장병들은 무슨 일인가 싶어 우르르 몰려나왔습니다. 이를 본 해양은 성 안의 송나라 장병들을 향해 고함을 질렀습니다. 이 순간 돌발 상황이 일어납니다. 해양이 초왕의 지시와는 정반대로 지금 진나라가 전국의 군대를 모아 송나라를 구원하러 오고 있으니까 절대 항복하지 말고 끝까지 버티라고 고함을 지른 겁니다.

問___ 해양은 죽은 목숨이네요.

答___ 이 말에 송나라 장병들은 용기백배했고, 초왕은 화가 머리끝까지 뻗쳐 해양을 끌어내려 "명색이 일국의 사신이라는 자가 어째서 신용을 지키지 않는가?"라며 다그치고는 당장 목을 베라고 명령했습니다.

問___ 자신의 임무는 수행했지만 결국 목숨을 잃게 되는군요?

答___ 그러면 재미없지요. 마지막 반전이 남았습니다.

問___ 그럼 그렇지요. 해양의 반박이 있었겠군요.

答___ 해양은 초왕의 추궁에 이렇게 반박합니다.

"나는 신용을 잃지 않았다. 다만 내 사명을 완수하기 위해 잠시 꾀를 냈을 뿐이다. 진나라 신하로서 초왕의 신임을 얻는다면 우리 군주의 믿음을 저버리는 것 아닌가? 초나라 신하가 공공연히 자기 군

주를 배신하고 다른 나라 군주를 기쁘게 한다면 그런 경우는 뭐라

할 것인가? 그게 신용인가? 지금 나를 죽인다면 밖으로는 믿음을

이야기하면서 안으로는 믿음을 버려도 된다는 말과 뭐가 다른가?"

해양은 이어서 초나라 군대를 향해 큰 소리로 "군주의 신하로서

죽음으로 충성을 다해야 한다는 것을 잊지 말라!"며 결정타를 날렸

습니다. 할 말이 없어진 초왕은 결국 해양을 풀어줍니다. 여기서 '해

양수신解揚守信'이라는 사자성어가 나왔습니다. '해양이 신의를 지켰

다'는 뜻이죠.

적국 초나라의 왕에게 한 약속과 조국 진나라를 위한 신의 사이

에서 해양은 당연히 조국을 선택했습니다. 자신에게 주어진 사명을

완수하기 위해 해양은 슬기를 발휘했습니다. 거기에 진정한 용기가

필수입니다. 슬기로움에 용기가 함께한다면 어떤 일도 감당할 수

있음을 해양이 잘 보여주고 있습니다.

리더를 알려면 그 신하를 보라

인재의 다섯 가지 특징

問___ 기업이든 나라든 모든 조직에서 가장 중요한 것은 인사人事가
아닐까요?

答___ 두말이 필요 없지요. 중국에서는 이를 '용인用人'이라고 합니
다. 어떤 사람을 기용하느냐는 크게는 한 나라의 흥망성쇠와 직결
되기 때문이지요. 사마천은 이와 관련해 "나라가 흥하려면 상서로
운 조짐이 있기 마련이니 군자는 기용되고 소인은 쫓겨난다. 나라
가 망하려면 어진 이는 숨고 나라를 어지럽히는 난신은 귀하신 몸
이 된다. '나라의 안위는 정치에 달려 있고, 존망은 용인에 달려 있
다(안위재출령安危在出令, 존망재소용存亡在所用)'는 이 말이 정말 옳다!"

라는 만고의 명언을 남겼습니다.

問___ 나라의 안위와 존망을 정치와 용인으로 간결하게 정리한 사마천의 통찰력이 돋보입니다. 말 나온 김에 이번에는 사람을 기용하는 용인에 관한 이야기를 들었으면 합니다.

答___ 약 2,400년 전 전국시대 초기 위魏나라에서 있었던 일입니다. 당시 위나라 통치자는 문후文侯라고 하는 명군이었습니다. 그는 이극李克을 비롯해 서문표西門豹, 오기吳起 등 기라성 같은 인재를 전격 발탁해 위나라를 개혁했습니다. 위나라는 일약 초강대국으로 떠올랐지요.

問___ 전국시대의 대세였던 개혁을 선도한 인물이었군요.

答___ 전국시대 개혁의 선두주자라고 할 만합니다. 문후 이후 각국은 너나할 것 없이 개혁에 나섰고, 개혁의 정도에 따라 국력의 정도가 판가름 났습니다.

問___ 개혁 경쟁을 통한 부국강병이라니, 볼만했겠군요.

答___ 언젠가 문후는 이극과 함께 통치에 관한 이야기를 하면서 "선생께서 일찍이 말씀하시길 '집안이 어려워지면 좋은 아내가 생각나고(가빈즉사양처家貧則思良妻), 나라가 어지러워지면 좋은 재상이 생각난다(국난즉사양상國亂則思良相)'고 하셨는데 지금 우리 위나라 재상감으로 위성자魏成子와 적황翟璜 두 사람이 있는데 누가 적합하겠습니까?"라며 자문을 구했습니다.

問__ 그러니까 위나라의 국정 전반을 이끌 재상을 발탁하는 문제에 대해 이극의 의견을 구했다는 말이지요?

答__ 그렇습니다. 그러자 이극은 조정 밖에 있는 사람으로서 감히 그런 문제에 끼어들 수 없다고 사양했지만, 문후는 끝까지 조언을 부탁합니다. 이에 이극은 이렇게 말합니다.

"이 문제는 결코 어려운 문제가 아닙니다. 주군께서 마음을 정하지 못하는 것은 두 사람을 자세히 관찰하지 않았기 때문입니다. 다음 다섯 가지 측면을 통해 두 사람을 판단해보십시오.

첫째, 평소에 어떤 사람과 친한가를 보십시오(거시기소친居視其所親).

둘째, 부유할 때 어떤 사람과 왕래하는가를 보십시오(부시기소여富視其所與).

셋째, 잘나갈 때 어떤 사람을 추천하는가를 보십시오(달시기소거達視其所擧).

넷째, 역경에 처했을 때 어떤 일을 하는가를 보십시오(궁시기소불

위窮視其所不爲).

다섯째, 빈곤할 때 무엇을 하지 않는가를 보십시오(빈시기소부취貧

視其所不取).

이 다섯 가지 방면을 잘 살피시면 재능과 인품을 갖춘 인재를 얼

마든지 찾으실 수 있습니다."

問___ 이극이 살피라는 다섯 가지가 와닿네요. 오늘날 인간관계에

적용해도 손색이 없는 기준입니다. 그래서 누가 재상이 되었나요?

答___ 이극의 자문을 얻은 문후는 기쁜 얼굴과 마음으로 누구를 재

상에 임명해야 할지 정했다고 말합니다. 자리에서 일어난 이극은

집으로 가지 않고 적황의 집을 찾습니다.

問___ 중대한 인사를 앞두고 재상 후보로 꼽히는 사람을 찾아가다

니, 이극에게 뭔가 다른 꿍꿍이가 있었던 것 아닌가요?

答___ 이 이야기는 여기부터가 의미심장하고 감동적입니다. 이극을

본 적황이 궁금증을 참지 못하고 재상 문제를 꺼냅니다. 주군이 누

굴 마음에 두고 있는지 궁금하지 않을 수 없었겠지요. 이극은 위성

자가 될 것 같다고 대답합니다.

問___ 아니, 약 올리려고 찾아간 것이 아니라면 어찌 그럴 수 있나요?

答___ 적황도 황당해하며 자기가 위성자보다 못한 게 뭐냐며 불만을 터트렸습니다. 그러면서 행정의 달인 서문표를 추천한 일, 서하 태수 오기를 추천해 강력한 진나라를 물리치게 한 일, 악양자樂羊子를 추천해 중산에서 공을 세운 일, 심지어 지금 이야기를 나누고 있는 이극 당신도 내가 추천하지 않았느냐며 제 나름대로 거칠게 항의 아닌 항의를 합니다.

問___ 충분히 그럴 만하지 않은가요? 이극까지 적황이 추천했다면 주군 앞에서 재상감으로 적황을 추천해야 하는 것이 인지상정 아닌가요? 적황에게 하자가 없다면 말이지요.

答___ 그렇습니다. 상식적으로 적황의 불만은 충분히 납득이 갑니다. 하지만 이극의 말을 마저 듣고 보면 생각이 달라질 겁니다. 이극은 싱긋이 웃으면서 이렇게 말합니다.

"당신이 그 당시 나를 추천한 것이 사사로이 당파를 지어 높은 자리와 후한 녹봉을 얻으려던 것이었습니까? 이런 점에서 당신은 위성자와 비교가 안 됩니다. 위성자가 추천한 복자하卜子夏, 전자방田子方, 단간목段干木 이 세 분은 주군께서 스승으로 모시는 분들이고, 당신이 추천한 다섯 사람은 그저 주군의 신하들일 뿐입니다."

問__ 적황의 반응이 몹시 궁금해지네요.

答__ 적황은 이극의 말에 동의합니다. 임금의 스승 세 사람을 추천
한 일과 신하 다섯 사람을 추천한 일을 비교해보라는 이극의 지적
에 고개를 떨군 것입니다. 통치자를 옳은 길로 인도할 수 있는 스승
과 같은 사람을 셋이나 추천할 정도의 인재라면 국정을 맡을 자격
이 충분하지 않을까요? 실무에만 능한 것이야 웬만하면 할 수 있는
일일 테고요.

問__ 그런 맥락에서 본다면 재상도 통치자의 스승과 같은 사람이
면 좋겠다는 생각이 문득 듭니다.

答__ 중국의 총리를 지낸 원자바오는 외신 기자들과 가진 인터뷰
에서 숙소로 돌아오면 주로 무슨 생각을 하느냐는 질문을 받고는
"창문 밖 바람에 흔들리는 나뭇잎 소리가 백성들 신음소리 같습니
다"라는 시인의 시를 인용해 기자들의 감탄을 자아내게 했다고 합
니다. 재상 자리는 태산과 같이 안정감이 있어야 합니다. 그래야 통
치자가 마음 놓고 정책을 펼칠 수 있죠. 같이 우왕좌왕하면 나라도
백성도 우왕좌왕할 수밖에 없습니다.

사기, 정치와 권력을 말하다

問___ 인재를 기용하는 용인과 관련한 의미심장한 이야기를 들었습니다. 좋은 이야기이긴 한데 마음은 심란하군요.

答___ 우리 정치 현실을 돌이켜 보면 충분히 그럴 만합니다. 사람을 기용하는 용인은 시대를 막론하고 늘 정치, 정책, 통치의 핵심이니까요.

전쟁보다 중요하고 심각한 외교

진짜 외교가 관중과 굴완

問___ 이번엔 어떤 이야기인가요?

答___ 과거 적폐 정권이 국정 운영과 관련해 남긴 문제가 한둘이 아니지만 특히 대북관계를 포함한 외교는 최악이었습니다. 예로부터 전쟁은 하수나 하는 짓이고, 고수들은 외교로 문제를 해결한다고 했습니다. 우리나라처럼 작은 나라는 외교가 특히 중요합니다. 그래서 춘추시대 중국 남북을 대표하는 두 강대국 초楚나라와 제齊나라의 외교 실례를 소개할까 합니다. 사마천이 살았던 시대가 지금으로부터 약 2,200년 전이니까 이 이야기는 약 2,700년 전의 일입니다.

춘추시대에 들어서면서 주 왕실의 힘이 빠지고 제후국들의 입김이 세어지기 시작했습니다. 그 결과 제후국 사이에서 이른바 '패주霸主'가 등장합니다. 춘추오패春秋五霸가 바로 그 주인공입니다. 관중管仲과 포숙鮑叔의 고귀한 우정을 뜻하는 '관포지교管鮑之交'로 부국강병을 이룬 제나라의 환공桓公이 그 첫 주자였고요. 이 이야기에도 제나라 환공과 관중이 출연합니다.

問__ 약 2,700년 전 남방의 강국 초나라와 북방의 강국 제나라 사이에서 벌어졌던 외교는 어떤 모습이었을까요?

答__ 당시 제나라 환공은 다른 제후들을 호령하며 패주로서 위세를 떨치고 있었지만, 초나라는 이를 인정하지 않았습니다. 환공은 이것이 못내 마땅치 않았지요. 그러던 중 초나라 성왕成王이 의욕적으로 영토를 개척하는 등 제나라의 심기를 건드립니다.

問__ 패주로 인정하지 않는 것도 모자라 무력으로 주위를 정복하고 다니니 언젠가는 충돌할 상황이었네요.

答__ 두 강국의 충돌이 현실화되고 있었습니다. 환공은 구실을 붙여 초나라를 습격할 마음을 단단히 먹었지요. 그런데 이런 소식이 새어 나가 초나라 성왕의 귀에까지 들어갑니다.

問__ 일부러 그런 정보를 흘린 것 아닐까요?

答__ 그렇게 보는 것이 합리적입니다. 사전에 으름장을 놓아 상대의 기를 꺾어놓겠다는 외교 심리전의 일환이지요.

問__ 하기야 외교라는 것이 대부분 '외교사령辭令'이라는, 지금으로 말하자면 '성명서' 공방 아닌가요?

答__ 그렇습니다. 옛날에도 사정은 비슷했습니다. 공식적인 것이 되면 사신, 즉 외교관을 보내 정식으로 따지거나 항의했지요.

問__ 초나라의 반응은 어땠나요?

答__ 초나라 왕과 조정은 깜짝 놀라 대부 굴완屈完을 외교 사절로 보내 상황을 탐색하게 했습니다. 제나라의 심리전이 효과를 본 것이죠.

굴완은 제나라의 환공과 관중을 만나 소문의 진위를 물었고, 관중은 맞다고 대답했습니다. 이 또한 외교 책략입니다. 제나라로서도 초나라의 태도를 살필 필요가 있다고 보았습니다. 굴완은 양국이 서로 이해관계가 걸린 일도 없는데 왜 우리를 치려고 하느냐고 따져 물었습니다. 이에 관중은 제나라나 초나라 모두 주 왕실의 제후인데 매년 한 차례 천자에게 바쳐야 하는 말먹이 풀 한 수레를 왜 바치지 않느냐고 되물었습니다. 또 옛날에 주 왕실의 소왕昭王이 초나라를 순시하던 중 초나라가 제공한 아교풀로 조립한 배로 장강을 건너다 배가 해체되어 익사한 사건을 거론하면서 그 책임을 추궁합니다.

問＿ 초나라는 혹 떼러 왔다가 혹 붙인 꼴이 되었군요. 굴완은 어떻게 대응했나요?

答＿ 이런 대목에서 외교관의 능력이 필요하겠지요. 굴완은 관중의 추궁에도 전혀 흔들림 없이 먼저 공물을 바치지 않은 사실은 솔직하게 인정했습니다. 내년부터 잘 바치겠다는 약속도 했고요.

問＿ 아니, 그런 식으로 잘못을 인정해버리면 제나라의 군사행동을 도발하는 구실이 되지 않나요?

答＿ 천자의 말먹이 풀 한 수레를 바치지 않았다고 군사행동에 들어간다면 사사건건 무력으로 문제를 해결해야 하지 않을까요? 굴완은 그 정도 잘못을 인정한다고 해서 큰 충돌이 발생하지는 않을 것으로 판단한 거죠. 문제는 과거 소왕이 익사한 사건이지요.

問＿ 그렇군요. 아교로 조립한 배를 초나라가 제공해 아교가 녹으면서 배가 해체되어 익사했다는 것이 사실이라면 군사를 동원할 명분이 충분하지요.

答＿ 바로 이 대목이 관건입니다. 굴완은 그건 오래전 일이라 나는 모른다면서 군이 죄를 추궁하겠다면 강에다 물어야 하지 않느냐고 능청을 떱니다.

問___ 절묘한 대응이네요. 명확한 증거가 없는 이상 익사 사건의 진상은 분명치 않고, 그래도 문제를 삼겠다면 소왕이 빠져 죽은 강한테 물어보라는 말 아닌가요? 관중의 반응이 궁금해집니다.

答___ 관중이 누구입니까? 노련하기로는 누구 못지않은 정치가 아닙니까. 관중은 일단 한발 물러섭니다. 환공에게 이 정도 선에서 마무리를 지으라고 권했습니다.

問___ 그럼 이 외교 담판에서는 누가 득을 본 것인가요?

答___ 이런 걸 서로서로 이겼다, 즉 윈윈했다고 합니다. 진짜 외교는 누가 이기고 지는 확연한 결과가 없습니다. 단, 서로가 만족하는, 아니 만족해두는 선에서 마무리되면 되는 겁니다.

問___ 그럼 제나라와 초나라, 양국은 서로 무슨 이득을 봤나요?

答___ 제나라는 앞으로 공물을 잘 바치겠다는 초나라의 약속을 얻어냈으니 패주로서의 체면과 명분을 지킨 셈이고, 초나라는 별것 아닌 풀 한 수레를 보내기로 약속해 충돌을 피하고 나아가 과거사까지 정리하지 않았나요? 소왕의 죽음과 관련한 초나라의 부담을 털어냈으니까요.

問__ 그렇게 보면 초나라가 더 이익을 본 것 같은데요.
答__ 서로가 그렇게 생각하는 것, 이것이 진짜 외교입니다.

問__ 초나라 대부 굴완의 외교술에 대해 들었습니다. 외교란 쌍방
이 만족할 수만 있다면 성공이라는 말이 귀에 쏙 들어오네요.
答__ 명분이든 실리든 각자가 원하는 것을 주고받아서 충돌을 피
하는 것이 최선의 외교입니다.

問__ 자기 것만 챙기려 하거나 상대에게 더 많은 것을 얻으려 했다
가는 갈등과 충돌이 불가피하다는 생각을 해봅니다.
答__ 외교에서 상대에 대한 무리한 압박은 금물입니다. 기왕 말 나
온 김에 굴완이라는 인물의 이야기를 더 해보겠습니다.

問__ 그렇지 않아도 조금 부족하다는 생각이 들었습니다. 관중이
나 환공 이야기는 많이 들었기 때문에 덜 섭섭한데, 이들과 당당히
맞선 굴완이라는 인물에 대한 정보가 더 있었으면 했습니다.
答__ 양국 사이에 벌어졌던 1차 외교전 이후의 상황을 좀 더 살펴
보겠습니다. 굴완의 빈틈없는 대응 때문에 제나라는 초나라의 허실

을 정확하게 파악할 수 없었습니다. 그래서 관중은 군대를 초나라 국경 근처로 이동시켜 초나라가 어떤 반응을 보이는지 살피자고 건의합니다.

問__ 그러다 무력 충돌이라도 일어나면 전쟁 아닌가요?

答__ 제나라 환공이 직접 군을 통솔하고 나섰으니 사태는 더 심각했습니다. 제나라가 군대를 국경 근처로 집결시킨 이상 초나라도 그냥 있을 수는 없었습니다. 대장 투자문鬪子文에게 제나라의 공격에 대비하라고 명합니다. 단, 선제공격은 하지 말라는 명령도 같이 내렸습니다.

問__ 제나라가 먼저 움직이지 않는 한 공격은 하지 않겠다는 뜻이군요.

答__ 전쟁이든 외교든 선수를 칠 때와 물러설 때를 잘 판단해야 합니다. 이것이 관건이지요. 흔히 하는 말로 '출구 전략'을 잘 세워야 합니다. 그렇지 않으면 덤터기를 쓰기 십상입니다. 초의 대장 투자문도 대단한 인물이었습니다. 강경책 대신 외교로 문제를 풀라고 성왕에게 권했습니다. 제나라는 결코 만만한 상대가 아니었기 때문이었지요. 투자문은 한 번 더 외교 사절을 보내 제나라의 허실과 동향을 살피라고 합니다.

問＿＿ 그래서 굴완이 다시 파견되는군요.

答＿＿ 굴완이 제나라 군영에 도착하자 환공은 자기 군대의 위세를 뽐낼 셈으로 굴완을 전차에 태워 제나라 군대를 사열하게 합니다.

問＿＿ 자신의 역량을 과시해 상대의 기를 죽이겠다는 의도로군요.

答＿＿ 자기 약점을 보완하고 감추기 위한 방법이기도 하지요. 환공은 자신의 군대에 대해 한바탕 자랑을 늘어놓으면서 당신 눈으로 똑똑히 보았듯이 이런 군대는 천하무적이라며 굴완을 압박합니다.

問＿＿ 굴완이 만만한 상대는 아니지 않나요?

答＿＿ 굴완은 가벼운 미소를 지으면서 이렇게 응수합니다.

"대왕께서 도리와 대의를 말하고 백성들을 편히 어루만지신다면 누가 감히 대왕을 존경하지 않겠습니까? 그런데 무력을 동원하겠다고 하신다면 우리 성도 만만치 않습니다. 강은 방패막이가 되고 백성은 위아래가 똘똘 뭉쳐 죽기로 맞서 싸울 것입니다. 아무리 군대가 많고 강하다 해도 쓸모가 없을 겁니다."

問＿＿ 하고 싶은 말은 뒤의 말인데, 명분을 앞세워 상대를 압박하는 것이 인상적입니다.

答__ 그것이 외교 협상이나 담판의 기본입니다. 명분을 세우는 것, 내 명분은 물론 상대방이 빠져나갈 수 있는 명분도 준비해두는 것이야말로 고단수의 외교술입니다.

問__ 제나라의 대응은 어땠나요?

答__ 환공이 보니까 초나라가 단단히 경계를 하고 만반의 준비를 할 것 같았습니다. 그래서 서둘러 상황을 정리하는 쪽으로 가닥을 잡습니다. 사실 제나라가 초나라를 공격할 마음은 없었다고 봐야 합니다. 하지만 이런 탐색 과정에서 상대의 치명적인 약점이나 허점을 찾아냈고 그걸 공략한 겁니다. 그 전단계가 바로 외교입니다. 환공은 굴완에게 양국의 우호관계 수립을 제안했고, 굴완은 환공의 통 큰 아량을 칭찬하는 동시에 군대를 철수시키자고 제안합니다.

問__ 어째 끝이 좀 싱겁네요.

答__ 그게 진짜 차원 높은 외교라는 생각은 안 해보셨나요? 서로 잡아먹을 듯이 으르렁대다가 결국은 악수하고 헤어지는 것, 이것이야말로 가장 이상적인 외교의 결과입니다. 외교에는 그 어느 분야보다 정확한 전략과 전술 그리고 목표가 있어야 합니다. 이를 위해 자기 주변의 모든 여건과 조건을 충분히 활용해야 합니다. 그리고 무엇보다 전제되어야 할 것은 자신의 역량을 정확하게 파악하는

사기, 정치와 권력을 말하다

것, 그리고 외교는 싸움을 피하기 위한 것이라는 인식입니다.

問__ 즉흥적 대응이나 무조건 강경하게 밀거나 밀려서는 안 된다는 말인가요?

答__ 두말하면 잔소리죠. 외교는 상대적입니다. 혼자 하는 것이 아닙니다. 더욱이 지금은 양자 관계보다 다자 관계가 일반적이죠. 그렇기 때문에 더 치밀한 준비와 전략이 필요합니다.

問__ 손자가 "싸우지 않고 이기는 것이 최상이다(부전이굴인지병不戰而屈人之兵, 선지선자야善之善者也)"라고 했다던데, 그 최상이 바로 외교를 통한 문제 해결을 말하는 것 아닌가 하는 생각이 듭니다.

答__ 바로 그겁니다. 강한 군사력과 정치력 뒤에는 탄탄한 외교적 역량이 있다는 사실을 알아야 합니다. 외교가 죽을 쑨다는 것은 군사력과 정치력에 문제가 있다는 것에 지나지 않습니다. 지난 정권이 그래서 불안했고, 그래서 많은 문제를 드러냈던 겁니다.

問__ 외교가 전쟁보다 더 중요하다는 사실을 확실하게 알았습니다.

答__ 지금 기로에 선 우리 외교가 어떤 길을 가고 있는지 냉정하게 지켜보아야 합니다.

4

충신의 조건: 신뢰

약속과 신뢰

계포의 '일낙백금'

問___ 문득 정치권에서 종종 등장했던 '미생지신尾生之信'이라는 고사가 생각납니다.

答___ '아전인수我田引水'라는 고사도 함께 떠오릅니다. 그 고사의 참뜻은 버린 채 자기 입맛대로 해석했지요.

問___ 어떻게 해석하든 고사의 핵심은 약속, 믿음 이런 것 아닌가요?

答___ 물론입니다. 신뢰는 약속을 지키는 것을 전제로 합니다. 아무리 높은 자리에 있든 아무리 잘생겼든 약속을 지키지 못하는 사람이라면 낙제입니다.

問＿＿ 정치에서의 약속이라는 것이 참 허망하다는 생각이 듭니다.

答＿＿ 가장 약속을 중시해야 할 영역에서 약속 팽개치기를 밥 먹듯 하니 국민들로부터 사랑과 믿음을 받지 못하는 겁니다.

問＿＿ 그런 의미에서 『사기』에 나오는 믿음이나 약속과 관련한 이야기를 들어봤으면 합니다.

答＿＿ 『사기』는 인간학 교과서이자 인간학 사전입니다. 약속과 관련해서는 '일낙백금一諾百金'이라는 고사성어가 있습니다. '한 번의 약속이 100금의 가치를 갖는다'는 뜻인데, 글자 뜻만 가지고는 선뜻 와닿질 않죠.

　이 말은 계포季布라는 한나라 초기의 인물과 관련이 있습니다. 사마천은 이 인물에 대한 열전을 정성껏 기록했습니다. 계포는 강직하고 의협심이 남달랐던 인물로 명망이 대단했습니다. 초한쟁패, 그러니까 항우와 유방이 천하를 놓고 다투던 시기에 항우 밑에 있으면서 여러 차례 유방을 궁지로 몰아넣는 등 괴롭혔지요. '천적'이라는 말이 있듯이 유방은 다른 사람은 몰라도 계포만 만나면 맥을 못 추었습니다.

問＿＿ 유방이 몹시 미워했겠네요.

答＿＿ 물론입니다. 훗날 항우를 물리치고 자신이 천하의 주인이 되자, 유방은 계포에 대한 체포령을 전국에 내렸습니다. 현상금으로 무려 1,000금을 걸 정도였으니 계포에 대한 증오심이 어느 정도였는지 알만하지 않습니까. 계포는 주씨周氏라는 사람 집에 숨었지만 조만간 발각될 것을 걱정한 주씨의 충고를 받아들여, 머리를 깎고 칼을 차고 허름한 베옷을 입은 채 당시 대협大俠으로 이름난 노나라 주가朱家의 집에 노비로 팔려 갑니다.

問＿ 장수까지 지낸 사람이 노비라니, 그 굴욕을 어떻게 참았나요?

答＿ 계포의 사람됨을 알고 있던 주가는 개국공신인 등공滕公 하후영夏侯嬰을 찾아가 지난날 다른 주인을 모셨다 해서 그 사람들을 모조리 죽일 것이냐며 항의했고, 하후영은 유방을 설득해 계포에 대한 사면을 얻어냅니다.

問＿ 유방이 대단합니다. 황제의 신분으로 내린 체포령인데 신하의 말을 듣고 취소시키다니요.

答＿ 그래서 유방을 위대한 리더의 반열에 올려놓는 겁니다.

問＿ 계포는 어찌 되었나요?

答＿ 유방이 죽은 뒤 계포는 유방의 아들 혜제 때부터 문제 때까지 벼슬을 살았습니다.

問__ 유방과 맞섰던 항우의 부하가 유방 밑에서 벼슬을 지내고 출세하다니, 당시 사람들이 어떤 면에서는 우리보다 낫다는 생각이 듭니다.

答__ 그뿐 아닙니다. 계포는 항우를 모셨던 사람이었지만, 성품이 강직하고 의협심이 넘쳐 옳지 않은 일은 그냥 넘기질 못했습니다.

問__ 한때 적이었던 인물을 받아준 것에 감사해야 할 조정에 와서 큰소리를 쳤단 말인가요?

答__ 그렇습니다. 흉노와 갈등이 생기자 개국공신들은 앞뒤 가리지 않고 분통을 터뜨리며 강경책을 주장했습니다. 그러나 계포는 전력이 열세인 상황을 뻔히 알면서 나라를 위기에 몰아넣으려 한다며 공신들을 꾸짖습니다. 어디 그뿐인가요, 황제 앞에서도 당당했습니다. 문제 때의 일입니다. 누군가 지방 군수로 있는 계포를 칭찬하자 문제는 그를 중앙으로 불렀습니다. 그런데 그사이 계포를 시기하는 자들이 계포에 대한 험담을 늘어놓았습니다. 문제는 망설였습니다. 그러기를 한 달, 황궁 근처에 숙소를 잡아놓고 이제나저제나 황제의 부름을 기다리고 있던 계포는 황제에게 다음과 같은 진언을 올렸습니다.

"폐하께서 한 사람이 칭찬했다고 해서 신을 부르시고, 또 한 사람이 헐뜯었다고 해서 돌려보내려 하시는데, 신이 걱정하는 바는 천하의 현자들이 이 이야기를 듣고 폐하의 식견을 지레짐작하지 않을까 하는 것입니다."

그런 식으로 이랬다저랬다 함으로써 세상 사람이 황제의 언행을 얕잡아보지나 않을까 걱정이라는 뜻을 전해 황제를 몹시 부끄럽게 만들었습니다.

問＿＿ 멋진 충고입니다. 자신이 한 말을 손바닥 뒤집듯 하는 리더들에게 들려줄 만한 이야기네요. 처음에 소개한 '일낙백금'이라는 고사도 계포와 관계된 것이라고요?

答＿＿ 그렇습니다. '일낙백금'은 계포의 성격과 인품을 말해주는 주제어와 같습니다. 계포는 초나라 출신이었는데, 초나라 사람들 사이에서는 이런 말이 떠돌았습니다. '100금을 얻느니 계포의 약속을 한 번 얻는 것이 낫다.' 여기서 유래한 고사성어입니다. 약속을 잘 지키기로 계포만 한 인물이 없었지요.

問＿＿ 그렇게 강직하고 의협심 넘치는 사람이 어떻게 노비 신분으로 가장하면서까지 목숨을 부지하려 했을까요?

答＿＿ 바로 그 대목에서 보통 사람과 차이가 있습니다. 계포가 구차한 노비의 신분으로 살기를 선택한 것은, 사마천의 말대로 자신의 재능을 믿었기 때문에 한순간 치욕을 당하더라도 부끄러워하지 않고 펼치지 못한 자신의 재능을 발휘할 기회를 기다리기 위해서였습니다. 계포는 사마천이 내세운 '현명한 사람은 진실로 자신의 죽음을 소중히 여긴다'는 표준에 들어맞는 인물이었습니다.

問___ 우리는 순간적인 치욕이나 구차함을 참지 못해 어리석은 판단이나 선택을 많이 하는 것 같습니다. 약속을 무엇보다 소중하게 여겼던 '일낙백금' 계포의 선택이 옳았다는 생각을 해봅니다.

答___ 누구나 시련을 겪지만, 그 시련을 훌륭하게 극복한 사람은 많지 않습니다. 포기하는 사람이 많지요. 포기하고 싶을 때 계포의 이야기가 도움이 될 겁니다.

끓는 물에 삶기는 것을 마치 집으로 돌아가듯

난포 이야기

問___ 약속은 반드시 지켰던, 그래서 '100금을 얻느니 계포의 약속을 한 번 얻는 것이 낫다'는 일낙백금의 주인공 계포 이야기를 통해 약속과 신뢰의 중요성을 생각해보았습니다. 또 어떤 유익한 이야기와 인물이 기다리고 있을까요?

答___ 계포와 비슷한 처지였지만, 전혀 다른 선택을 한 난포欒布라는 인물을 소개할까 합니다.

問___ 계포와 난포, 다 포자 돌림입니다. 성이 다르니 형제지간은 아닐 테지요?

答__ 그래서 이 두 사람을 두고 '양포'라 부르기도 합니다. 더욱이 사마천은 이 두 사람을 〈계포난포열전〉이라는 편에 함께 소개했습니다. 계포가 항우 밑에 있으면서 유방을 여러 차례 괴롭혔다고 했지요. 난포도 유방 편은 아니었습니다. 난포는 양梁나라 출신으로 양왕 팽월彭越이 평민이었던 시절 서로 우정을 나눈 바 있습니다. 그 뒤 남의 집 고용살이를 비롯해 술집 점원, 도적, 노비 등 온갖 고생을 하던 난포는 노비로 있던 집의 주인을 위해 원수를 갚아준 일을 계기로 연나라 장수 장도臧荼의 추천을 받아 도위가 되었습니다. 그 뒤 장도가 연왕이 되자 장군으로 출세했습니다.

問__ 한때 고생을 많이 했지만 그런대로 출세한 셈이네요.

答__ 하지만 천하가 유방에 의해 통일된 뒤 난포는 다시 고단해집니다.

問__ 이번에도 유방이 체포령을 내렸나요?

答__ 그게 아니라 난포가 모시던 장도가 난을 일으킨 통에 난포는 포로로 잡혀서 죽을 위기에 처합니다.

問__ 계포나 난포나 주인 잘못 만나 고생깨나 했군요.

答__ 그렇게 말할 수도 있겠습니다. 절체절명의 순간, 옛날 친구였던 팽월이 힘을 써서 돈으로 사면을 받고 팽월 밑에서 대부로 일하게 되었습니다. 그런데 수난은 그걸로 끝이 아니었습니다. 난포가 팽월의 명령을 받고 제나라에 사신으로 간 사이 팽월이 모반죄로 목이 잘려 죽는 사건이 일어납니다. 당시 팽월의 반란은 유방이 직접 평정하러 나설 정도로 심각했습니다. 팽월을 죽인 후 유방은 팽월의 목을 낙양성 아래에 기시棄市합니다. 목을 기둥에 매달아 모두가 보도록 한 것이지요. 그러고는 누구든 팽월의 머리를 거두는 자가 있으면 바로 체포하라는 명을 내렸습니다. 죽이는 걸로도 모자라 장례조차 치르지 못하게 한 겁니다.

問__ 난포는 어떻게 되었나요? 돌아왔나요? 팽월의 죽음을 알고 어떻게 했나요?

答__ 제나라에서 돌아온 난포는 놀랍게도 팽월의 머리 밑에 무릎을 꿇고 다녀온 일을 보고한 다음, 머리를 수습해 팽월을 위해 제사를 지내고 통곡했습니다.

問__ 누구든 머리를 거두는 자는 잡아들이라고 했을 때는 죽이겠다는 뜻 아닌가요?

答__ 반역자를 돕는 행위 역시 반역이었으니까 당연히 그렇다고 봐야지요.

問__ 죽음을 무릅쓰고 팽월의 머리를 거두어 제사를 지냈다는 말인가요? 어차피 죽은 팽월 아닌가요?

答__ 그래서 난포의 선택은 확연하게 다르다고 하지 않았습니까. 여러 사람이 보는 앞에서 머리를 수습하고 제사를 지냈으니 당연히 잡히고 말지요. 잡혀서 유방 앞으로 끌려왔고, 유방은 끓는 물에 넣고 삶아 죽이는 형벌인 '팽형'을 명합니다. 그러자 난포는 죽는 건 두렵지 않지만 한마디 하고 죽어야겠다고 유방에게 대듭니다.

問__ 어차피 죽을 목숨, 할 말은 하고 가겠다는 것이겠네요. 난포가 무슨 말을 했을지 궁금합니다.

答__ 난포는 어려운 시절 팽월이 유방을 도운 일을 상기시키면서 확실치도 않은 모반의 죄목으로 그와 가족을 몰살한 것에 강력하게 항의합니다. 그러고는 "이번 일로 신이 걱정하는 바는 공신들이 모두 위태롭게 느끼지 않을까 하는 것이오. 이제 팽월이 죽었으니 신은 살아 있는 것보다 죽는 것이 차라리 나으니 어서 삶아 죽이시오!"라며 큰소리를 칩니다. 유방은 난포의 말에 감동해 그를 살려줍니다. 난포는 사마천의 평가대로 '끓는 물에 들어가 삶기는 것을 마치 집으로 돌아가듯' 태연하게 받아들였고, 유방은 그의 이런 당당한 태도에 감동한 것이지요.

사기, 정치와 권력을 말하다

問＿＿ 정말 드라마 같은 이야기네요. 보통 사람이 아닙니다.

答＿＿ 우리를 감동시키는 것은 우리가 하지 못하는 행동을 한 사람들의 이야기가 아닐까요? 그 행동이 당당하고 옳은 것이라면 감동은 더욱 커질 거고요.

問＿＿ 계포는 구차한 삶을 택했지만 그것을 딛고 인생을 잘 마무리했고, 난포는 죽음을 불사했지만 결국은 살아남았습니다. 그 뒤로는 어떻게 되었나요?

答＿＿ 난포 역시 연나라 재상에 장군까지 지내면서 많은 사람의 존경을 받았습니다. 특히 연나라와 제나라 지역 사람들은 '난공사'라는 사당까지 세워 그를 기렸습니다.

問＿＿ 누구든 상황에 대처하는 방법은 다르겠지만 원칙은 하나인 것 같습니다. 자신의 소신과 바른길을 버리지 않고 당당하게 행동하는 것 말입니다.

答＿＿ 전적으로 공감합니다. 사마천의 말대로 난포는 '자신이 처할 곳이 어딘가를 잘 알고 있었기에 자신의 죽음을 아끼지 않았던' 인물이었습니다. 난포가 평소 한 말이 『사기』에 남아 있습니다. 이것이 계포와 난포의 선택에 대한 결론이 될 수 있지 않을까 싶습니다.

"어려울 때 자신을 욕되게 하거나 뜻을 굽히지 못하면 사내대장
부라 할 수 없고, 부귀를 누릴 때 만족하지 못하면 현명한 사람이 아
니다."

問＿＿ 삶과 죽음이 별개가 아니라는 생각이 듭니다.
答＿＿ 그렇습니다. 사마천이 왜 죽음보다 치욕스러운 궁형을 선택
했는지 이해할 수 있는 대목이기도 하지요. 사마천의 생사관을 잘
보여주는 계포와 난포 이야기였습니다.

원칙에 살고 원칙에 죽다

강직한 관료 질도

問___ 자기 원칙을 지키며 살아가기가 쉽지 않은 세상입니다.

答___ 인간관계나 사물을 대할 때 자기 나름의 '관계각'이라는 것이 있다고 생각합니다. 그 각의 정도에 따라 사물과 인간의 가치가 측정되는데, 이때 중요한 것이 꼭짓점입니다. 꼭짓점이 항상 그 자리를 지키고 있어야 정확한 각을 계산할 수 있으니까요. 이 꼭짓점이 원칙과 통하는 개념 아닐까요?

問___ 재미있는 비유입니다.『사기』속 인물 중에 자기 원칙에 충실했던 사람이 많지 않습니까. 사마천 자신도 그랬을 것 같고요.

答___ 물론입니다. 이와 관련해 질도郅都라는 인물을 소개하려고 합니다. 한나라 문제 때 평범한 시종무관 자리에 있었고 경제 때도 여전히 그 자리에 있었던, 말하자면 묵묵히 자기 일만 하는 사람이었습니다. 그러다 보니 머리가 셀 때까지 말단 자리에 머물러 있었지요. 경제景帝 때 중랑장中郞將이 되면서 자신의 진면목을 서서히 드러내기 시작했는데, 황제의 면전에서도 직언을 서슴지 않았고 조정에서는 대신들 면전에서 훈계를 할 정도로 강직했습니다. 혼자 잘났다는 소리까지 들었지요. 그러다 경제가 상림원(동식물원)에 행차했을 때 한 사건으로 출세의 결정적인 계기를 맞이합니다. 문제가 아끼는 가희라는 애첩이 화장실을 가다가 멧돼지를 만나는 돌발 상황이 벌어진 겁니다. 가희는 무서워 벌벌 떨고 문제는 질도에게 얼른 가서 구해주라고 눈짓을 했지요.

問___ 그러니까 황제가 아끼는 후궁을 구해줘서 출세하게 된 거군요.
答___ 그건 너무 상투적이고 싱겁지요. 오히려 그 반대라면 믿을 수 있겠습니까.

問___ 황제가 아끼는 후궁을 구해야 하는 상황에서 구해주지도 않고 출세했단 말인가요? 말도 안 됩니다.
答___ 질도가 황제의 눈짓에도 아랑곳하지 않자 황제가 직접 나섰습니다. 그러자 질도가 황제를 가로막았습니다. 화가 난 황제가 호통을 치자 질도는 "미녀 하나를 잃으면 또 구하시면 되지만 황제가 다치거나 죽기라도 하면 사직이 어찌 됩니까?"라고 대거리를 했지요.

問___ 황제가 감동했겠네요.

答___ 황제의 마음이야 알 수 없고, 아무튼 후궁도 무사했고 일은 그냥 넘어가는가 싶었습니다.

問___ 뒷이야기가 있단 말이네요.

答___ 다른 사람들은 질도를 욕하거나 비웃었지만 황실의 어른인 두竇태후는 그렇게 보지 않았습니다. 질도를 불러 황금 100근을 하사하며 그 용기와 옳은 판단을 칭찬했습니다. 출세의 길이 열린 겁니다.

問___ 관료로서 질도는 어떤 사람이었나요?

答___ 지금 우리 관료들이 배워야 할 점이 많습니다. 그는 어떤 선물도 받지 않았습니다. 아무리 작은 것이라도 편지조차 뜯어보지 않았다고 하니 말해서 무엇 하겠습니까. 그 앞에서 청탁은 꿈도 꾸지 말아야 했던 거죠. 그는 이와 관련해 "부모를 떠나 관직에 오른 몸, 관직상의 책임을 다하고 절개를 지키다 죽을 따름"이라고 했습니다. 하지만 2,000년 전이나 지금이나 상황은 비슷했습니다. 동료들은 그를 두려워하긴 했지만 가까이 하지 않았습니다. 그가 어느 정도로 대단했는가 하면 이민족인 흉노조차 그를 두려워할 정도였습니다. 이런 재미난 이야기도 전합니다. 흉노가 질도를 본떠 만든 목각 인형을 세워놓고 활쏘기 연습을 시켰는데 인형을 보고도 놀랐던지 아무도 맞추지 못했다는 겁니다.

問___ 질도가 얼마나 무서웠으면 그랬을까요. 공직자로서 그는 그 원칙과 자세를 끝까지 지켰나요?

答___ 원칙의 사나이인데 다를 게 뭐 있었겠나요? 권세가나 토호들이 질도 이름만 들어도 벌벌 떨었고, 그가 다스리는 지방은 땅에 물건이 떨어져도 줍는 사람이 없었습니다. 질도는 강직했습니다. 그래서 결국은 원칙에 살고 원칙에 죽었습니다.

問___ 무슨 사건이 있었나 보군요?

答___ 경제와 오누이 사이였던 '장공주長公主' 이야기 알지요? 장공주는 뚜쟁이 노릇을 하며 황제에게 예쁜 여자를 공급하는 역할도 했습니다. 황제에게 여자를 소개시키려면 장공주를 거쳐야만 했지요. 그렇다 보니 장공주에 대한 경제의 신임이 매우 두터웠습니다. 경제에게는 여러 아들이 있었는데, 중요한 인물은 합법적인 황위

사기 · 정치와 권력을 말하다

계승자인 태자 유영劉榮과 그 밑의 유철劉徹 두 사람이었습니다. 그런데 두 아들의 어머니가 달랐으니, 유영의 어머니는 율희栗姬, 유철의 어머니는 왕부인王夫人이었지요. 사촌끼리 결혼을 시키는 일이 비일비재했던 당시, 장공주는 권세를 위해 자신의 딸 아교阿嬌를 태자에게 시집보내려고 계획하지만, 평소 장공주를 아니꼽게 봤던 유영의 어머니 율희에게 거절당하지요.

問__ 장공주가 그에 앙심을 품고 결국 태자를 폐위시키지 않았나요? 어머니 율희도 쓸쓸히 죽고 말이지요.

答__ 그렇습니다. 그때 태자는 임강왕臨江王으로 강등되었습니다. 질도와의 관계는 바로 임강왕이 된 뒤에 이어집니다. 임강왕이 종묘의 땅을 침범했다는 혐의를 받게 되었습니다. 황제는 질도에게 진상 조사를 맡깁니다. 강직한 질도가 제격이라고 본 것 같아요. 질도가 담당관이라는 사실을 확인한 임강왕은 안심했지요.

問__ 꼬장꼬장하고 살벌한 관리인데 왜 안심했단 말인가요?

答__ 임강왕은 두태후가 굉장히 예뻐했습니다. 그리고 그 사부가 두태후의 조카인 두영竇嬰이었고요. 질도가 누구 덕분에 출세의 길을 걸을 수 있었나요? 두태후 아닌가요?

問___ 그렇군요. 그래서 임강왕이 무사히 풀려났나요?

答___ 웬걸요. 이 원칙의 사나이께서 적당히 물러날 리가 있나요? 임강왕이 자신의 억울함을 황제에게 호소하고 싶다며 붓(당시 붓은 도필이라 해서 목판에 글씨를 파는 칼)을 달라고 했지만 질도는 이를 거절합니다. 판결이 내려지기 전까지는 안 된다는 것이지요. 자칫 조사도 끝나기 전에 황제가 편지를 보고 마음이 바뀌어 조사를 중단시키거나 하면 안 되니까요.

問___ 그도 그렇지만 너무하긴 했네요. 그래서 어떻게 되나요?

答___ 사부인 두영에게 붓을 얻어 자신의 심경을 적은 다음, 그만 자결해버렸습니다. 그러자 두태후가 분노합니다. 손자를 죽였으니까요. 그래서 질도를 중상모략해 죽이려고 기를 쓰지요. 황제는 태후의 처사가 지나치다며 "질도는 충신입니다"라고 항의합니다. 그러자 태후는 "그럼 임강왕은 충신이 아니더란 말이오?"라고 쏘아붙였습니다. 성공도 원칙, 실패도 원칙이라는 말이 이 질도에게서 나왔습니다. 하지만 그의 원칙은 충분히 존중되어야 하지 않을까요?

問___ 부패한 관료나 영혼이 없는 공직자보다야 훨씬 낫지요.

答___ 그나마도 찾기 힘든 세상이기는 합니다.

5

충신의 조건: 청렴

다섯 왕을 섬기다

신도가의 절개

問___ 원칙의 사나이 질도 이야기가 인상적이었습니다. 비슷한 인물이 또 있나요?

答___ 똑같지는 않지만 청렴하고 공평무사했던 신도가申屠嘉라는 관리를 소개해보겠습니다.

問___ 이런 공직자들의 모습을 통해 지금 우리 시대의 공직자나 공인들의 모습을 되돌아보는 것도 좋겠네요.

答___ 그것이 역사의 힘입니다. 신도가는 청렴으로 유명했는데 사사로운 방문은 아예 거절하고, 이야기도 늘 사무실에서 나눌 정도로 투명한 공직 생활을 했습니다.

問___ 출세를 일찍 했나요?

答___ 그렇지 않습니다. 신도가의 이력에서 가장 특징적인 것이라면 무려 다섯 제왕을 섬겼다는 사실입니다. 고조 유방을 시작으로 혜제, 여태후, 문제, 경제까지 한나라 초기의 제왕들을 모두 모셨습니다. 청렴 강직한 사람이 처세술까지 뛰어난 경우는 극히 드뭅니다. 신도가는 다섯 제왕을 모시면서도 자기 소신대로 살았던 인물이었기 때문에 특별한 존재로 남은 것입니다.

問___ 그럴 수만 있다면 얼마나 좋을까요? 시대적 분위기가 그것을 허용했다니 부럽습니다.

答___ 신도가는 문제 때 승상 반열에 오른 입지전적 인물인데, 그의 일 처리와 관련해 재미난 일화가 몇 가지 있습니다. 『사기』에도 나오지만 한나라 때 권력자들 사이에서 '남총男寵'으로 불리는 젊은 남자를 데리고 노는 일이 유행했습니다. 이것이 동성애로까지 발전해 궁정이나 상류층의 풍기 문란 등으로 나타났습니다. 남색이라고도 하지요.

問___ 동성애 관계라도 사랑이라는 감정에는 별반 차이가 없겠죠.

그런데 그것이 신도가와 어떻게 관련이 되나요?

答__ 신도가가 승상으로 있을 때 문제에게는 등통鄧通이라는 남총이 있었습니다.

問__ 등통이 신도가에게 밉보였나 보네요.

答__ 조정에서 신도가를 보고도 본체만체하다가 신도가의 눈밖에 나버렸습니다. 단단히 화가 난 신도가가 승상부로 돌아가 등통을 소환했습니다. 겁이 난 등통이 문제에게 일러 바쳤고, 문제는 등통을 안심시키며 승상부를 찾아가라고 일렀습니다. 등통이 승상부에 가서 머리에 피가 나도록 찧으며 싹싹 빌었지만 신도가는 눈 하나 깜짝 않고 즉각 잡아다 목을 베라는 명령을 내렸습니다. 신도가가 등통을 충분히 혼내주었을 것이라고 생각한 문제는 사신을 보내 신도가에게 사과하며 목숨만은 살려주라고 부탁해서 살려냈지요.

問__ 황제의 총애가 아니었더라면 목이 잘릴 뻔했군요. 황제가 신도가를 야단치지는 않았나요?

答__ 물론 언짢았을 겁니다. 자기 애인을 잡아 죽이려 했으니까요. 하지만 신도가는 처음부터 당당하게 "폐하께서 예뻐하는 총신에게 상을 내려 부귀하게 만드는 것은 이해하지만 궁중의 예절은 지켜야 할 것 아닙니까?"라며 자기 뜻을 굽히지 않았습니다.

問＿＿ 또 다른 일화는 없나요?

答＿＿ 문제의 아들인 경제 때 총애를 받은 조조晁錯라는 인물이 자기 집 동쪽 문이 왕래하기 불편하다며 남쪽으로 문을 내는 일이 있었습니다. 그곳으로 나오면 태상황太上皇, 즉 고조의 사당과 통하게 됩니다. 이는 불경죄인 것이지요. 그래서 잡아다 문초를 하려니까 겁이 난 조조가 경제에게 쪼르르 달려가 하소연하고는 아예 궁에서 나오지 않았습니다. 다음날 신도가가 입조해 황제에게 조조를 죽이라고 했지만, 이미 이야기를 들은 황제가 조조를 옹호하고 나섰습니다. 그래서 결국 죽이지 못했습니다.

問＿＿ 강직한 신도가로서는 분통이 터졌겠군요.

答＿＿ 신도가는 "조조 이놈을 먼저 죽여놓고 보고를 했어야 하는 건데 결국 내가 당했다"며 분통을 터뜨리다 집으로 돌아와 피를 토하고는 죽고 말았습니다. 나이도 많은 데다 성나는 일을 당하고 보니 화병이 나서 죽은 것 같습니다.

問＿＿ 다섯 제왕을 모시며 소신껏 살아온 신도가의 죽음이 조금은 안타깝네요.

答＿＿ 사마천은 강직한 신도가가 의연하게 절개와 지조를 지켰다고 평가했습니다.

問＿＿ 권력의 비호를 받는 자들은 예나 지금이나 잘 빠져나가는데 말이지요.

答＿＿ 그러게 말입니다. 게다가 지금은 신도가와 같은 지조 있고 소신껏 일을 처리하는 공직자도 찾기 힘듭니다. 당초 등통을 혼내주려 했을 때 황제는 자신이 직접 등통을 혼내줄 테니 승상은 가만히 있으라고 명령했습니다. 하지만 신도가는 그 말을 듣지 않고 등통을 소환했습니다. 승상부에서 치죄할 수 있는 죄를 지었으면 누가 되었건 다스리겠다는 의지의 표현이었지요.

問＿＿ 신도가의 소신 있는 일 처리가 부럽습니다.

答＿＿ 우리 사회도 평소 인성교육과 인문학 교육 등을 통해 이런 인재들을 키워야 하겠습니다.

누가 참 군인을 말하는가

한나라 명장 이광

問___ 이번엔 어떤 이야기, 어떤 인물이 기다리고 있나요?

答___ 진정한 무인, 다시 말해 참다운 군인이란 어떤 군인일까요?

問___ 어디선가 읽은 것 같은데, 진짜 군인은 적도 존경한다고 하던데요.

答___ 그렇습니다. 인재가 인재를 알아본다는 말도 있듯이 진정한 군인이라면 적장도 존경합니다. 그런 무장이 실제로 있었습니다. 한나라 때의 명장 이광李廣을 소개할까 합니다.

　사마천이 흉노와의 전투에서 중과부적으로 패한 이릉이라는 젊은 장수를 변호하다가 사형을 선고받고 치욕적인 궁형을 자청한 일을 기억하실 겁니다. '이릉의 화'라고 불리는, 사마천 일생에서 가장 중요한 사건이지요. 사마천이 변호했던 이릉의 할아버지가 바로 이 시간의 주인공 이광입니다. 대대로 무장 집안이었지요. 진시황 때 명장으로 활약한 이신李信도 있습니다.

問__ 뼈대 있는 무인 집안이었네요.

答__ 집안 대대로 굵직한 무장을 배출했습니다. 그중에서 이광은 말 그대로 장수의 표본이라 할 만합니다.

問__ 장수의 표본이 되려면 어떤 요소를 갖추어야 하나요?

答__ 무엇보다 투철한 군인 정신이 필요하겠지요. 거기에는 나라와 백성을 지켜야 한다는 책임감이 깔려 있어야 하고. 또 뭐가 필요할까요?

問__ 솔선수범과 공사 구분도 필요할 것 같습니다. 부하들을 아끼는 마음은 기본이고요.

答__ 누구나 다 아는 조건이자 자질입니다. 문제는 이런 기본 정신과 자세를 제대로 지켜낸 군인이 드물었다는 사실이지요.

問__ 이광은 어떤 장수였나요?

答__ 『사기』의 기록을 보면 이광은 당시 한나라의 주적이었던 흉노조차 두려워하면서도 존경하는 군인이었습니다. 이광이 어떤 인물이었는지 간략하게 정리해보면 이렇습니다.

청렴해 상을 받으면 늘 부하들에게 나누어주었습니다. 식사도 병사들과 같은 것을 먹었습니다. 행군 때 물과 식량이 부족하면 물을 보아도 병사들이 다 마신 뒤가 아니면 물 근처에도 가지 않았으며, 병사들이 다 먹고 난 뒤가 아니면 음식 근처에도 가지 않았습니다. 활쏘기 연습을 게을리하지 않아 아무도 그의 궁술을 당해낼 수 없었습니다. 40년 동안 봉급이 2,000석에 머물러 있었는데 집에 남는 재산은커녕 재산에 관해서는 이야기조차 꺼내지 않았습니다.

問__ 정말 이런 군인이 있었단 말인가요?

答__ 이광은 전투에서 세운 공은 부하 병사들 덕분이라고 생각했기에 상은 다 나누어주었고, 군인은 장수나 병사나 다 같다고 생각했기에 식사도 병사들과 같은 것을 먹었습니다. 군인의 생명은 정신력과 전투력에 있다고 확신했기에 무예 수련을 게을리하지 않았습니다. 나라와 백성을 지키는 일이 자신의 책임이라고 여겼기에 박봉이지만 불만을 표하지 않았습니다. 이것이 이광이라는 군인의 모습입니다.

사기, 정치와 권력을 말하다

問___ 40년 동안 같은 봉급을 받았다면 승진을 못 했다는 뜻 아닌가요?

答___ 이광은 정치적인 이유 때문에 평생 야전 사령관을 전전했습니다. 또 자리나 명예를 탐내는 성품이 아니다 보니 후배나 부하가 자기 상관으로 승진하는 일이 적지 않았습니다.

問___ 인생이 고달프고 힘들었겠네요.

答___ 그래도 흉노가 가장 두려워하는 장수였기 때문에 조정에서도 무시할 수 없어 주요 전투 때마다 참전해 공을 세웠습니다. 자신의 입으로, 젊었을 때부터 흉노와 크고 작은 전투에서 70여 차례 교전했다고 했으니 산전수전을 다 겪었다고 할 만하겠지요.

問___ 이광은 어떻게 되었나요? 좋은 결말은 아닐 것 같은 예감이 듭니다.

答___ 고고한 지조를 지키며 산 사람의 삶을 따르다 보면 슬픈 결말을 자주 봅니다. 이광은 노구를 이끌고 대장군 위청衞靑을 따라 흉노 공격에 나섰는데, 이른바 정치군인들이 고의적으로 흉노와 전투할 기회를 빼앗고는 엉뚱한 명령을 내려 이광을 골탕 먹였습니다.

問___ 이광의 능력을 시기한 것인가요?

答__ 장수로서의 능력은 인정하지만, 너무 꼬장꼬장하고 부하들만 챙기는 것이 못마땅했던 모양입니다. 이광은 부당한 명령이지만 따를 수밖에 없었습니다. 하지만 다른 부대와 합류해야 할 시기를 놓쳤습니다. 길잡이 향도嚮導가 없었던 탓에 도중에 길을 잃어 합류 시간에 늦었던 거죠. 책임 추궁이 따랐습니다. 사령관은 문서로 경위를 보고하라며 이광을 압박했지요.

問__ 백전노장으로서는 모욕감을 느꼈을 법하네요.
答__ 그래서 보고를 하지 않았습니다. 그러자 대장군은 이광의 부하 장교들을 심문하라며 압박을 가했습니다.

問__ 백전노장을 직접 건드리기는 뭣하니까 부하 장교들을 문책하려고 한 것이군요. 이광의 반응은 어땠나요?
答__ 이광은 "부하 장교들에게 무슨 죄가 있는가"라며 자신이 직접 가서 진술하겠다고 한 다음, 군영으로 돌아와 행군 때 길을 잃고 헤맨 것도 천명이라고 한탄했습니다. 그러고 나서 "60이 넘은 이 나이에 사법관에게 심문을 당하는 치욕은 견딜 수 없다"며 스스로 목을 찔러 자결했습니다. 사마천도 얼마나 비통했는지 이광이 죽자 그를 아는 사람이건 모르는 사람이건 모두 슬퍼했다고 전하면서 "복숭아나무와 오얏나무는 말이 없지만 그 밑으로 절로 길이 난다

(도리불언桃李不言, 하자성혜下自成蹊)"는 속담을 인용해 이광에 대한
존경의 마음을 표했습니다.

間__ 속담이 뜻하는 바가 무엇인가요?
答__ 이광처럼 묵묵히 자신의 길을 걷는다면 언젠가는 모두가 그
사람을 알게 된다는 뜻입니다.

間__ 한순간의 요령과 요란한 처신으로 명성을 남기는 것과 영원
히 사람들 마음에 기억되는 것, 우리 군인들은 어느 쪽을 선택할지
궁금해집니다.
答__ 참다운 군인 정신은 참다운 인간 정신과 다를 것 없다는 생각
을 해봅니다.

돌직구 때문에 승진 못한 장수

풍당의 직언

問___ 이번에는 어떤 이야기인가요?

答___ 이번에는 오랫동안 승진을 못 해서 명성을 얻은 풍당馮唐이라는 인물을 소개할까 합니다. 풍당은 나이를 아주 많이 먹도록 승진을 못 했는데, 이 일이 훗날 시인들 입에 오르내리는 바람에 유명세를 탄 것이지요. 그리고 『사기』에 기록도 남겼습니다. 재미있는 이야기지만, 실은 시인들이 풍당과 관련된 『사기』의 기록을 정확하게 이해하지 못해서 비롯된 오해라고 할 수 있습니다. 당나라 때 시인인 왕발王勃의 〈등왕각서滕王閣序〉라는 시에 보면 "풍당은 쉬 늙고, 이광은 승진하기 어렵네(풍당이노馮唐易老, 이광난봉李廣難封)"라는 구절이 있습니다. 소동파의 시에도 풍당이 나오는데, 다들 풍당이 늙도록 승진하지 못한 것을 안타까워했던 것이죠.

問___ 까닭이 있었을 텐데요?

答___ 문제의 핵심은 풍당이 승진하지 못한 것이 나이 때문이 아니고, 또 나이 때문에 풍당이라는 인물이 후대에 유명해진 것은 사실과 다른 점이 있다는 것입니다. 풍당의 집안을 보면 할아버지는 전국시대 조나라 사람이었고, 아버지 때에는 오늘날 하북성 울현 일대인 대代라는 곳으로 이사를 갔다가, 한나라가 들어선 다음 다시 섬서성 함양 일대인 안릉安陵이라는 곳으로 이사해 살았습니다. 그러다 효행으로 추천을 받아 황제의 신변을 따르는 중랑中郎이 되었습니다. 지금의 경호실장 정도로 볼 수 있겠습니다.

問___ 황제 옆에 있었으면 출세할 기회가 없지는 않았을 것 같은데요?

答___ 풍당은 열심히 일했지만 귀밑으로 흰머리가 생길 때까지 승진하지 못했습니다.

問___ 당시는 명예퇴직 같은 것이 없었나 보군요?

答___ 자기가 원하면 가능했지만 강제조항은 없었던 모양입니다. 아무튼 그러던 어느 날 황제인 문제가 풍당이 근무하는 부서를 지나다 머리카락이 허옇게 센 풍당을 발견하고는 호기심이 발동해 그와 대화를 나누게 됩니다.

問___ 황제의 신변을 수행하는 사람이었는데 내내 뭐 하다 그때서야 발견했단 말인가요?

答___ 황제를 모시는 인원이 어디 한둘인가요? 또 늦게 눈에 띄는 사람도 있을 수 있겠지요. 문제는 젊은 날 대 지방의 왕으로 있었는데, 출신지 등을 묻다 풍당의 입에서 대라는 지명이 나오자 어찌나 반가웠던지 풍당과 한참을 이야기했습니다.

問___ 늙도록 승진하지 못한 풍당에게 승진의 기회가 온 것일까요?

答___ 그 이야기는 뒤에 하도록 하지요. 두 사람의 대화는 자연스럽게 대 지방이 배출한 유명 인물들로 옮겨 갔는데, 황제는 자신이 들었던 이제李齊라는 장수 이야기를 신나게 늘어놓았습니다. 그런데 풍당은 이제라는 인물은 다른 인물에 비하면 별것 아니라며 한창 열이 올라 있는 황제에게 찬물을 끼었습니다.

問___ 승진하지 못한 이유가 있었군요. 황제가 알고 있는 정보를 무시했으니까요.

答___ 황제가 정색을 하며 증거를 대라고 다그쳤습니다. 풍당은 자기 아버지의 경험담과 다른 믿을 만한 증거를 제시하며 이제보다는 염파廉頗나 이목李牧이 훨씬 더 유명한 인물이라는 정보를 주었습니다. 황제는 풍당에게 고마워하며 "지금 내게 염파나 이목 같은 장수가 있다면 흉노 걱정은 없을 텐데"라고 말하며 한숨을 내쉬었다고 합니다.

問＿＿ 염파나 이목이 뛰어난 장수였나요?

答＿＿ 물론입니다. 당시 황제는 북방의 흉노 문제로 고민이 많았는데 풍당으로부터 염파와 이목에 관한 무용담과 이들의 전공을 듣고 나서 그런 인재가 있었으면 하는 자신의 희망을 나타낸 것이지요.

問＿＿ 풍당은 뭐라고 했나요?

答＿＿ 바로 이 대목이 중요합니다. 풍당은 황제에게 사실대로 말씀드려도 되겠느냐고 양해를 구한 다음 "폐하께서는 그런 장수가 있어도 기용하지 못하실 것입니다"라고 돌직구를 날렸습니다.

問＿＿ 큰일 났네요. 승진은커녕 치도곤을 당할 판이네요.

答＿＿ 황제는 늙은이라서 존중해주었더니 오히려 황제를 모욕한다면서 자리를 박차고 나갔습니다. 그런데 얼마 뒤 흉노가 대거 침입해오는 일이 터졌고, 황제는 갑자기 풍당이 생각나 그를 불러 그런 장수들이 있어도 기용하지 못할 것이라고 한 까닭을 물었습니다. 풍당은 그 사람들은 통치자로부터 절대적인 신임을 받았다는 사실을 지적했습니다. 심지어 왕이 전차를 손수 밀면서 장수에 대한 존경과 신임을 표시할 정도였는데, 폐하께서는 작은 죄를 지은 훌륭한 장수에게 지나친 벌을 내리는 등 장수를 아낄 줄 모르기 때문이라고 대답했지요. 그러면서 흉노에 대처할 수 있는 방법까지 상세히 아뢰었습니다.

問___ 이번에는 황제가 어떤 반응을 보였나요?

答___ 풍당의 말에 깨달은 바가 있어 처벌했던 장수를 다시 복직시켰습니다. 또한 풍당은 전차병을 총괄하는 자리로 승진했고, 경제 때는 초나라 승상까지 지내다 은퇴했습니다.

問___ 풍당이 유명한 것은 많은 나이 때문이 아니라 황제 앞에서도 직언을 서슴지 않는 강직한 성품과 능력 때문이었군요.

答___ 역사상 종종 엉뚱한 오해를 받는 사람들이 있습니다. 풍당도 그런 경우였습니다.

6

간신과 몸보신

아첨배들의 기록

〈영행열전〉의 교훈

問___ 『사기』 130권 중에 재치꾼들에 관한 기록인 〈골계열전〉이 있다고 들은 적이 있는데요. 그 밖에 특별한 기록은 없나요?

答___ 정의로운 조직 폭력배 이야기라 할 수 있는 〈유협열전〉, 킬러들의 이야기인 〈자객열전〉, 점쟁이 이야기인 〈일자열전〉, 30명에 이르는 부자들의 치부致富 스토리 〈화식열전〉도 있습니다. 그리고 또 간신 아첨배들의 기록인 〈영행열전〉이 있습니다.

問___ 『사기』라는 역사책은 알면 알수록 놀랍습니다. 2,100년 전에 어떻게 그런 사람들에 대한 기록을 역사책에 담을 생각을 했을까요? 하나하나 다 들어보고 싶습니다. 먼저 간신 아첨꾼 이야기를 들었으면 합니다. 세상이 어려울수록 서로를 돕고 위로하며 살아야 하는데 자기만 잘살겠다는 풍조가 더 강해지는 것 같아 안타깝습니다. 이런 사람들도 넓게는 간신의 범주에 넣어야 하지 않을까요?

答__ 물론입니다. 과거 봉건 왕조체제에서는 절대 권력자를 보필하는 신하만을 대상으로 간신이니 충신이니 하는 잣대를 들이댔지만, 지금은 우리 사회 각 분야에 걸쳐 이런 기준을 세울 필요가 있습니다. 그래야 세상이 정의롭고 나은 쪽으로 움직이지 않겠습니까.

問__ 사마천이 간신에 관한 기록을 남긴 의도는 무엇인가요? 먼저 〈영행열전〉의 뜻풀이가 좀 필요할 것 같습니다.

答__ '영행'이라는 단어가 생소하실 겁니다. '녕佞'은 아첨한다는 뜻이고, '행幸'은 '행운'의 '행' 자와 같은 글자인데, 사랑을 얻는다는 뜻입니다. 다시 말해 아부나 미색으로 윗사람, 주로 권력자의 귀여움을 얻는다는 말이지요. 그리고 이런 아첨꾼, 즉 간신들에 관한 기록은 『사기』가 역사상 최초인데, 그 의도는 매우 의미심장합니다. 사실 이런 부류의 인간들은 열전에 넣어 기록으로 남길 만한 자격이 없습니다. 하지만 이런 자들이 황제를 비롯한 권력자 곁에서 오로지 비위만 맞추는 재주 하나로 총애를 받고, 그 총애를 기반으로 정치와 나라를 어지럽히는 것이 문제였습니다. 반면에 선량하고 재능이 있는 인재들은 이런 자들의 박해와 훼방에 앞길이 막혀 불우한 삶을 살아야 하는 것이 현실이었으니 얼마나 개탄스러웠겠어요? 이런 현실은 지금이라고 해서 별반 나아진 것 같지 않습니다. 사마천은 이런 인식을 갖고 후세에 대한 경고의 의미로 〈영행열전〉을 마련한 것입니다.

問＿＿ 그러고 보면 사마천이 억울하게 궁형을 당하는 과정에도 이런 인간들의 입김이 작용하지 않았을까요?

答＿＿ 사마천이 내놓고 말은 하지 않았지만, 친구 임안任安에게 보낸 편지에서 "나의 집은 가난해 형벌을 면할 수 있는 돈도 없었고 사귀던 벗들 중 누구 하나 나서서 나를 구하려 들지 않았으며, 황제 좌우의 측근들도 나를 위해 한마디 거들지 않았습니다"라고 토로한 것을 보면 사마천 당시에도 간신들이 없었다고는 할 수 없겠지요.

問＿＿ 사실 말이지만, 이런 부류들은 겉으로 보기에는 별 볼일 없는 자들 같지만 굉장히 무서운 존재들 아닌가요? 심하면 나라까지 팔아먹는 매국노로도 발전하니까요?

答＿＿ 물론입니다. 간신은 역사적 현상이자 사회적 현상입니다. 사회와 세상을 좀먹는 존재들이지요. 아름드리나무도 좀먹는 벌레 때문에 썩고, 만 길이나 되는 둑도 개미구멍 하나 때문에 무너지는 법입니다. 사람들이 이런 간신 부류들에 대해 경계심을 돋우고 제도나 법으로 이런 자들이 발을 붙일 수 없게 방비하지 않으면 나라의 근심거리가 됩니다. 우리 사회도 자신의 능력보다는 학연이나 지연 따위와 같은 관계나 권력의 줄이 출세에 더 큰 작용을 하는 경우가 많지 않나요? 그러다 보니까 사람들은 자기 발전을 위해 열심히 공부하거나 세상을 바른 쪽으로 끌고 가려 노력하기보다는 돈과 권력을 가진 사람들과의 관계 형성에 더 관심을 가집니다. 이 과정에서 온갖 부조리한 현상이 속출하고 그 결과 세상이 어지러워집니다. 바로 이런 분위기가 간신을 양산해내는 것이지요. 선량한 보통 사람들도 어느새 불법과 비리를 아무렇지 않게 생각하고, 심지어는 자신도 그런 불법과 부패에 가담해서는 간악한 짓을 저지르게 됩니다. 말하자면 우리 안에 간신의 싹이 상존하고 있다는 것입니다.

間___『사기』〈영행열전〉도 같은 맥락에서 읽어야 그 의미가 분명할 것 같습니다. 이제 〈영행열전〉의 간신들 이야기를 들어보고 싶습니다.

答___ 사마천은 〈영행열전〉에다 자신이 속해 있었던 한나라 때 간신들 몇몇을 소개한 다음, 마지막 논평에서 춘추시대 위衛나라 영공靈公의 총애를 받았던 미자하彌子瑕 이야기를 넣었는데, 이 이야기를 먼저 하도록 하겠습니다.

"심하구나, 사랑하고 미워하는 감정이 수시로 변하는 것이! 미자하의 행적은 후세 사람들에게 아첨으로 귀여움을 얻는 것이 어떤 것인지 100세가 지나도 알 수 있게 잘 보여주고 있다."

問__ 미자하란 인물이 아첨배의 대명사였던 모양이군요?

答__ 그렇기도 하고, 또 간신이 아부와 간사함으로 권력자의 총애를 얻지만 결국은 파멸하고 만다는 이치를 알리기 위해 본보기로 든 인물입니다. 그래서 첫머리에 사랑하고 미워하는 감정이 얼마나 변덕스러운 것인가를 강조한 것입니다.

問__ 간신에 대한 권력자의 사랑도 언제든지 바뀔 수 있다는 말인가요?

答__ 그렇습니다. 사마천은 인간의 이런 변덕에 주목해 한순간의 총애를 믿고 설치던 간신들의 말로가 어떠했는지 보여주고자 한 것입니다. 미자하 이야기는 『한비자』라는 법가 계통의 대표적인 책에 비교적 상세히 실려 있는데, '식여도食餘桃'라고 하는 고사로 더 잘 알려져 있습니다.

問__ 먹다 남은 복숭아! 그 고사가 바로 미자하 이야기였군요.

答__ 위나라 영공 측근에 미자하라는 꽃미남이 있었습니다. 어찌나 잘생겼던지 영공은 미자하를 늘 곁에 두었고, 심지어는 침식을 같이했습니다. 사마천은 〈영행열전〉 몇 군데서 권력자와 이런 꽃미남과의 동성연애를 은근히 암시하는 문장을 남겼는데, 미자하와 영공의 관계도 그런 것이 아니었나 추정하기도 합니다. 아무튼 미자하를 영공이 얼마나 예뻐했던지 미자하가 맛난 복숭아를 따서 자기가 먼저 한 입 먹고 나머지를 영공에게 주었는데도 미자하가 자기를 너무 사랑해서 맛있는 복숭아를 다 먹지 않고 남겨주었다고 고마워할 정도였습니다. 바로 여기서 '먹다 남은 복숭아'라는 뜻의 '식여도'라는 표현이 나옵니다. 하지만 세월은 무정하지요. 세월이 흐를수록 미자하의 용모도 시들어갔고, 영공의 사랑도 식어갔습니다. 결국 자기를 사랑해서 먹다 남은 복숭아를 준다며 미자하를 아끼던 영공은, 미자하가 죄를 짓자 그 옛날 먹다 남은 복숭아를 자기에게 주었다며 욕을 했다는 것입니다.

問＿ 미모가 시들자 사랑도 식는다! 아첨꾼 간신에 관한 〈영행열전〉 이야기가 점점 더 흥미로워집니다. 오늘 우리 안에 상존하고 있는 간신의 싹을 어떻게 자를지 고민해봐야겠습니다.

答＿ '미모가 시들자 사랑도 식는다(색쇠이애이色衰而愛弛)'는 명언이 여기서 나왔습니다. 간신의 싹이야 간신들의 말로를 알고 나면 길게 고민할 것도 없지 않을까요?

問＿＿ 간신 때문에 선량한 사람이 불이익을 당하고 심하면 나라에 까지 악영향을 미친다는 사실에 경각심을 가져야 한다는 게 중요하겠죠?

答＿＿ 그것이 〈영행열전〉의 요지입니다. 그런데 한 가지 더 생각해야 할 점은 이런 간신들을 가까이 둔 권력자에 대한 통렬한 비판도 내포되어 있다는 사실입니다.

問＿＿ 아무리 사악한 간신배라도 칼자루를 쥔 권력자가 정신을 똑바로 차리고 있으면 발붙일 수 없을 테니까요.

答＿＿ 사마천은 그 점을 알리고 싶었을 것입니다.

問＿＿ 미자하가 젊었을 때는 그리도 예뻐하던 영공이 미모가 시들자 헌신짝처럼 버린 것을 보면, 권력자의 사리 분별이 간신을 막는 보루가 될 수도 있겠습니다.

答＿＿ 사마천은 〈영행열전〉 첫머리에다 속담을 인용해 "힘들여 농사짓는 것보다 절로 풍년을 만나는 것이 낫고, 착하게 벼슬을 사는 것보다 임금에게 잘 보이는 편이 낫다"고 말합니다.

問＿＿ 사람은 누구나 편하게 살려고 하지 않나요? 그런 길이 있다면 유혹에 빠지기 쉬울 것입니다.

答___ 문제는 그 길이 옳은 길이냐 아니냐가 되겠지요. 옳은 길은 한 번도 편한 적이 없었습니다. 사마천은 물론, 인류 역사상 의롭게 살다간 사람들의 삶을 보면 말 그대로 고난의 길이었습니다. 하지만 그런 삶이 있음으로 해서 우리들을 바른길로 이끄는 좌표가 되고 등불이 됩니다. 사마천 역시 인간의 삶에서 만나게 되는 수많은 부조리를 비판하고 그것을 이겨내는 힘을 역사를 통해 보여주려 했습니다.

問___ 그래서 위대한 역사가라는 평가를 받고 있겠지요. 다시 간신 이야기로 돌아가서, 사마천이 〈영행열전〉 첫머리에서 인간이 노력보다는 편한 방법이나 길이 있으면 그곳으로 마음이 움직인다는 속담을 인용했는데, 간신들이 그 전형이라는 뜻인가요?

答___ 사마천은 여자만 미모와 교태로 잘 보이려는 것이 아니라 벼슬살이에도 그런 일이 있다고 말했습니다. 벼슬아치 중에서 권력자에게 자신의 능력과 일로 잘 보이려는 것이 아니라 미모와 아부 따위로 빌붙어 권력의 부스러기를 주우려는 자들이 있다는 뜻입니다.

問___ 그렇게 보면 권력자와 간신은 공생관계가 아닌가 하는 생각이 듭니다.

答___ 좀 더 적나라하게 표현한다면 기생관계라고도 할 수 있겠지요. 권력자는 숙주가 되고, 간신은 그 숙주에 기생해서 사는 기생충과 같은 존재입니다.

問__ 섬뜩합니다. 숙주가 없어지면 기생충도 없어지는 것 아닌가요?

答__ 기본적으로는 그렇습니다. 사마천이 〈영행열전〉에서 보여주는 간신들이 그랬습니다. 하지만 후대로 가면 간신이라는 기생충은 끈질긴 생명력을 보이며 숙주를 바꾸어 기생합니다. '간신의 진화'라고 할 수 있겠습니다.

問__ 재미난 표현이지만 기분이 언짢네요.

答__ 그러니까 과거 역사에서 이런 간신 현상들을 치밀하게 분석해 방비해야 합니다.

간신의 두 가지 조건, 미모와 아첨

황제의 사랑을 받은 미소년들

問___ 이제, 사마천의 간신 이야기를 들어보고 싶습니다.

答___ 사마천은 마지막 논평에서 춘추시대 미자하라는 인물을 예로
든 것 외에는, 자신이 속해 있었던 한 왕조 때 간신들만 소개하고 있
습니다.

問___ 왜 그런가요? 그 전에는 간신이 없었나요?

答___ 왜 없었겠나요? 다만 간신이라는 개념이 정립되어 있지 않았
고 자료도 부족했던 것 같습니다. '영행'이라는 단어를 구사해 간신
들의 행적을 역사책에 기록한 것은 사마천이 처음이었습니다. 그

후에 이 '영행'이라는 단어 대신 '간신'이 등장합니다. 그러다 보니 자연스럽게 자기 왕조 때 인물들을 고를 수밖에 없었던 것 같습니다. 또 자기가 살던 무제 시대에 대한 비난의 의도가 숨어 있습니다.

問__ 그런 속사정이 있었군요. 그렇다면 세계 최초의 간신 기록이 〈영행열전〉인 셈이네요. 소개된 간신이 몇 명이나 되는지요?

答__ 상대적으로 상세히 소개된 간신은 셋이고, 짤막하게나 이름만 언급된 간신까지 합치면 여덟 명입니다. 그중에서 기록은 짧지만 인상적인 행적을 남긴 간신 둘을 소개할까 합니다. 황제 곁에서 황제를 모시던 미소년들 이야기입니다.

問__ 아니 젊은 여자가 아니라 젊은 남자란 말인가요?

答__ 여자들은 비빈과 후궁들이라 해 따로 구별했습니다. 〈영행열전〉은 권력자의 과분한 총애를 받은 남자 아첨꾼 이야기입니다.

問__ 그렇군요! 그런데 다른 사람은 몰라도 한 왕조를 개국한 고조 유방은 출신이 건달이나 간신하고는 거리가 멀 것 같습니다.

答__ 그럴 것 같지만, 적籍이라는 이름을 가진 미소년이 아첨으로 유방의 사랑을 받았습니다. 또 다음 황제인 혜제惠帝 때는 굉閎이라는 미소년이 사랑을 받았는데, 사마천은 이들이 무슨 재능이 있어서가 아니라 순종하고 아첨하는 것만으로 귀여움을 받았으며, 심지어는 황제와 잠자리를 같이할 정도였다고 했습니다.

問___ 그런 자들이 진화해 결국은 정치에도 관여했다는 말 아닌가요?
答___ 그게 바로 문제였습니다. 개인의 성적 취향이야 뭐라고 하지 못하지만 그것이 정치에 영향을 줄 때는 문제가 되지요. 사실 이 둘은 한나라 초기 정치에 큰 영향을 준 인물들은 아닌데도, 조정 대신들이 황제에게 올릴 보고가 있으면 모두 이자들을 통했다고 하니 간신의 위세가 어느 정도였는지 짐작이 갈 겁니다.

問___ 그런데도 정치에 큰 영향이 없었다는 것은 황제들의 판단력이 흐려지지 않았다는 것 아닌가요?
答___ 그렇습니다. 그리고 아직은 이들이 패거리를 지어 권력 집단을 형성하지는 못했습니다.

問___ 나중에는 간신들이 패거리를 지었단 말인가요?
答___ 물론입니다. 간신 하나가 권력자에게 잘 보여 권력을 잡으면 그 간신에 기생하는 새끼 간신이 생겨나고, 그 밑으로 또 새끼 간신이 생기고 해서 거대한 기생 권력 집단이 되었습니다. 그리고 선량한 관리들과 백성들을 마구 해쳤습니다. 그래서 간신을 역사 현상이자 사회적 현상이라고 강조한 것입니다.

問__ 그럼 한 왕조 초기 황제와 잠자리를 같이할 정도로 총애를 받았던 자들이 사회에 미친 악영향 같은 것은 기록에 없나요?

答__ 사회적으로도 당연히 나쁜 영향을 끼쳤겠지만 기록에는 보이지 않습니다. 다만 황제를 시중드는 관리 후보들이었던 낭과 시중들이 적이나 굉과 같은 아부꾼의 행색을 모방했다는 기록이 있습니다. 모자에다 준의라고 하는 특별한 새의 깃털을 꽂고, 조개로 장식된 허리띠를 매고, 분 같은 화장품 따위로 얼굴을 치장했다고 합니다.

問__ 적이나 굉은 나중에 어떻게 됐나요?

答__ 이 두 사람의 최후에 대한 언급은 없습니다. 사마천은 두 사람은 집을 안릉安陵으로 옮겼다고만 했습니다. 당시에는 황제가 즉위하면 바로 황제의 무덤을 만들기 시작합니다. 황제가 언제 어떻게 될지 모르기 때문인데요. 죽고 난 다음 무덤을 만들면 절차도 그렇고 그 일 때문에 다른 일들을 할 수 없기에 그렇습니다.

問__ 황제의 무덤을 조성하는 안릉이라는 지역으로 집을 옮겼다는 말인데, 특별한 의미가 있나요?

答__ 황제의 무덤을 조성하게 되면 새로운 도시가 하나 건설되는 것이나 마찬가지였습니다. 부자들과 상인들을 이주시키는 등 뉴타운이 조성되는 것입니다. 그리고 그 지역은 부유하고 권세 있는 자들이 주로 거주합니다.

問＿＿ 그러니까 이들이 황제의 총애를 빌려 과분한 부귀영화를 누렸다는 말이군요. 미모 하나만 가지고.
答＿＿ 거기에 아부가 하나 더 들어가야지요.

問＿＿ 간신의 두 가지 특징이 나온 셈이군요. 미모와 아부!
答＿＿ 후대로 갈수록 미모보다는 아부와 권력자의 비위 맞추기가 중요해지고, 특히 권력자의 기호와 취향 및 심리 상태까지 속속들이 파악하는 치밀함까지 갖춥니다.

問＿＿ 놀랍네요. 이 현상은 오늘날에도 여전하지 않나요?
答＿＿ 역사의 잔인함입니다. 정신을 바짝 차리고 이런 나쁜 요소들을 없애가야 역사가 발전하고 인류가 진보합니다.

사기 · 정치와 권력을 말하다

마지노선을 넘지 않는다

황제의 총애로 오만방자해진 간신들

問__ 『사기』의 명언 중에 다음 대목이 마음에 남았습니다. 여기서 말하는 난신들이 바로 간신이 아닐는지요?

"나라가 발전하거나 흥하려면 반드시 상서로운 징조가 나타나는데, 훌륭한 인재는 기용되고 소인배는 쫓겨난다. 나라가 망하려면 어진 사람은 숨고 나라를 어지럽히는 난신들이 귀하신 몸이 된다. 나라의 안녕은 군주가 어떤 명령을 내리느냐에 달려 있고, 나라의 존망은 인재의 등용에 달려 있다."

答__ 물론입니다. 어느 시대에나 간신은 있었습니다. 태평성세일 때도 간신은 있었습니다. 하지만 나라가 건강할 때는 간신이 있어도 득세하지 못합니다. 리더의 현명한 판단력, 간신의 출현을 막아줄 수 있는 제도, 백성들의 감시 등과 같은 제어장치가 제대로 작동하기 때문입니다. 하지만 나라가 어지러워지거나 망조가 들면 어김없이 간신들이 설칩니다. 물론 간신들이 설치기 때문에 나라는 더 어려워집니다.

問__ 그럼 〈영행열전〉의 간신들도 나라가 어지럽거나 망조가 들 때 나타났나요?

答__ 그렇지는 않습니다. 한 왕조의 최고 전성기라고 하는 무제 때, 다시 말해 사마천이 모셨던 황제 때 간신들이 궁중을 적지 않게 어지럽혔는데, 사마천은 이런 간신들이 출현하게 된 원인과 그 영향에 대해 깊게 생각한 것 같습니다. 어쩌면 사마천은 전성기에서 위기를 감지한 것이 아닐까요? 최정상에 올랐을 때가 가장 위험한 때라는 말도 있지 않나요?

問__ 정말 공감합니다. 정상에 올랐을 때 겸허히 자신을 되돌아보면서 미래를 설계하지 못하고 자만에 빠져 큰일을 그르치는 경우를 많이 보았습니다.

答__ 지금 우리 사회가 뼈저리게 겪고 있습니다. 이제 소개할 사람은 등통鄧通이라는 자로, 3대 황제 문제 때 황제의 사랑을 받은 총신입니다. 신도가의 일화에도 잠깐 등장했던 인물입니다.

問__ 무엇으로 황제의 사랑을 받았나요?

答__ 문제 때 황제의 사랑을 받았던 총신들로는 인재를 아꼈던 북궁백자北宮伯子와 점을 잘 치고 천문 관측에 뛰어났던 조동趙同, 그리고 등통이 있었습니다. 앞의 두 사람은 인품과 재주로 사랑을 받아 황제가 타는 수레에 함께 탈 정도였지만 사실 등통은 잘하는 것이 없었습니다. 다만 한 가지, 등통은 노를 잘 저었습니다. 다시 말해 배를 잘 운전했다는 말입니다. 그래서 당시 선박 운행을 관장하는 벼슬아치가 되었는데, 이 벼슬아치가 누런 모자를 썼기 때문에 '황두랑黃頭郞'이라 불렀습니다. 하루는 문제가 꿈을 꾸었는데 꿈속에서 자신이 하늘을 오르려 하고 있었습니다. 그런데 하늘에 거의 다다라 도무지 오를 수가 없었습니다. 그렇게 끙끙거리며 용을 쓰고 있는데 자신의 배를 젓는 황두랑이 등을 밀어주어 하늘로 올랐습니다. 문제가 고마운 마음에 뒤를 돌아보니 황두랑의 등 뒤 허리띠를 맨 자리의 옷솔기가 터져 있었습니다. 아마 자기의 등을 밀어주느라 그렇게 된 모양이구나 하고 꿈에서 깼습니다.

問___ 그러니까 꿈속에서 하늘에 오르는 것을 도와준 덕에 황제의 총애를 받게 되었다는 이야기인가요?

答___ 그렇긴 한데 간단치 않습니다. 황두랑이라는 것은 알겠는데 얼굴이 확실치 않았던 모양입니다.

問___ 그렇다면 옷솔기가 터졌다는 대목이 단서가 됐겠군요.

答___ 그렇습니다. 꿈에서 깬 문제가 점대漸臺(전망대 같은 곳)에 올라가 황두랑을 불러 등 뒤를 보았더니 놀랍게도 옷솔기가 터져 있었습니다. 문제는 너무 기뻐 등통의 성과 이름을 묻고는 수시로 불러 관심을 보였습니다. 등통도 성실하게 황제를 모셨습니다. 문제는 이런 등통이 너무 마음에 들어 10번 넘게 억만 전을 하사했고, 벼슬도 상대부上大夫 자리에까지 이르게 되었습니다. 등통은 황제의 사랑을 잃지 않으려고 많은 노력을 했습니다. 심지어 황제가 내린 휴가도 반납해 황제를 기쁘게 했습니다. 황제가 등통의 집으로 놀러 갈 정도였습니다. 그러던 어느 날 황제가 관상쟁이에게 등통의 관상을 보라고 했더니 뜻밖에도 가난해서 굶어 죽을 관상이라는 괘가 나왔지 뭡니까.

問___ 황제가 돈도 수억 전씩 10번 넘게 내렸는데 굶어 죽다니요?

答___ 그러게 말입니다. 황제도 믿기지 않았지만 혹시나 해서 남쪽

촉 지방의 엄도라는 지역의 구리 광산을 주고 돈을 마음대로 주조할 수 있는 권리까지 주었습니다. 이렇게 해서 만들어진 화폐가 바로 등통전 또는 등씨전으로, 천하에 두루 퍼졌습니다.

問___ 돈을 주조할 수 있는 권리까지 주다니, 황제의 은총이 하해와 같았나 봅니다.

答___ 그도 그럴 것이 등통은 황제의 등에 난 종기까지 입으로 빨아 낼 정도로 황제의 마음을 사로잡았습니다. 부귀영화를 위해서라면 무엇인들 못할까요? 간신들의 가장 큰 특징입니다. 그런데 아이러니하게도 등통은 이 일 때문에 신세를 망칩니다. 하루는 등통이 황제의 종기를 빨고 있는데 태자(훗날 경제)가 문병을 왔습니다. 황제는 태자에게 자신의 종기를 빨게 했고, 태자는 울며 겨자 먹기로 아버지의 종기를 빨았습니다. 그 뒤 등통이 늘 황제의 종기를 빨아낸다는 사실을 알고는 등통을 미워하게 되었습니다.

問___ 그래서 훗날 새 황제에게 미움을 받아 신세를 망쳤던 것이로군요.

答___ 태자가 황제로 즉위하자 등통은 벼슬을 그만두고 자기 집으로 돌아갔지만, 황제의 심중을 헤아린 다른 관리가 등통의 비리를 고발했고, 등통은 재산을 몰수당하고 엄청난 빚까지 졌습니다.

問___ 관상쟁이 말대로 굶어 죽었나요?

笞___ 굶어 죽지는 않았지만 남의 집에 얹혀살다가 죽었습니다.

問___ 씁쓸하군요.

笞___ 사람은 부귀할 때 교만하지 말고 늘 언행을 조심해야 합니다.

問___ 황제의 종기를 빨아 부귀영화를 누리던 간신 등통이 그 일 때문에 말년에 굶어 죽을 뻔한 이야기를 들었습니다.

笞___ 공공의 이익을 위해 무엇인가를 할 수 있는 능력은 없으면서 미모나 아부만으로 권력자의 총애를 얻은 간신들은 숙주와 같은 권력자가 소멸되면 절로 몰락하기 마련입니다. 등통의 비참한 말로를 단적으로 대변하는 성어가 전해지는데, 그것이 바로 '불명일전不名一錢' 또는 '일문불명一文不名'입니다. 우리도 수중에 돈이 하나도 없을 때 이 말을 쓰는데요, '땡전 한 닢 없다'는 말이 바로 이 성어의 뜻입니다.

問___ 또 어떤 간신이 등장할지 기대됩니다.

笞___ 문제의 뒤를 이은 경제는 등통 같은 사람을 미워해서인지 주목할 만한 간신이 없었던 모양입니다. 주문인周文仁이라는 낭중령郎中令이 총애를 받긴 했지만 등통에 비하면 아무것도 아니었습니다.

그래서 그냥 이름 정도만 기록되어 있습니다. 그러다 무제 때, 즉 사마천이 모셨던 황제인 무제 시대에 오면 간신이 많아집니다. 자기 과시를 좋아했던 무제인지라 기분을 맞추어주는 아첨꾼들을 총애했던 것 같습니다. 무제가 교동왕膠東王 시절 함께 궁정에서 공부하면서 가까워진 한언韓嫣과 노래와 춤 실력이 뛰어났던 이연년李延年이라는 인물을 소개하겠습니다.

問__ 한언은 무슨 재주가 있었나요?

答__ 기마와 활쏘기 그리고 아첨에 능했습니다. 거기에 당시 한의 가장 강력한 라이벌이었던 흉노의 군사에 대해 잘 알고 있어 상대부라는 벼슬까지 받았습니다. 무제의 총애 정도는 앞서 소개한 등통에 버금갈 정도였습니다.

問__ 한언은 무제와 어릴 때부터 같이 자란 사이라고 하셨는데, 그런 관계가 더 크게 작용하지 않았을까요?

答__ 물론 그런 요소도 있습니다. 그런데 사마천은 무제와 한언의 관계를 '서로 사랑하는' 사이, 즉 '상애相愛'라고 표현했습니다. 이 표현이 의미심장합니다. 무제가 황제로 즉위한 다음에는 더 가까워졌다는 표현이 있고, 이어 한언이 황제와 함께 자고 함께 일어났다고도 했습니다.

問___ 당시의 윤리관과 충돌하지 않았을까요?

答___ 물론 정상적인 관계는 아니었지만 신분이 황제인지라 어쩔 수 없었던 것 같습니다. 문제는 이런 궁정 스캔들을 사마천이 덮어 두지 않고 『사기』에 기록했다는 사실입니다. 그래서 사마천은 후대 사가나 권력자들에게 큰 미움을 샀지요.

問___ 한언은 어떻게 되었나요?

答___ 황제의 사랑이 깊으니 안하무인이었습니다. 결국 그 교만함 때문에 자신의 몸을 망치게 됩니다. 한번은 무제가 배다른 동생인 강도왕江都王과 황가皇家의 사냥터인 상림원으로 사냥을 가기로 약속하고 사전에 한언을 보내 준비를 시켰습니다. 한언은 통행을 차단하는 등 황제의 사냥을 위한 만반의 준비를 갖추었는데, 한언의 행차가 황제의 행차를 방불케 할 정도로 대단했습니다. 강도왕 일행이 멀리서 한언의 행차를 보고는 황제의 행차인 줄 알고 시종을 물리치고 길가에 엎드려 인사를 드리려 했습니다. 그런데 교만방자한 한언은 강도왕은 거들떠보지도 않고 휙 지나가버렸습니다. 이일로 강도왕은 한언에게 원한을 품었고, 황태후를 만난 자리에서 자신도 한언처럼 궁중에서 황제를 모시게 해달라고 징징거리며 애원했습니다. 이로써 황태후도 한언을 미워하게 되었습니다. 최고 권력자의 총애만 믿고 다른 사람의 눈은 무시한 것입니다.

問___ 황태후의 눈 밖에 났으니 큰일이 아닐 수 없었겠군요?

答___ 당시 황태후는 왕태후로 황제인 무제의 생모였습니다. 그러던 차에 한언이 황제와 함께 비빈들의 침소를 제 마음대로 드나들며 간통을 일삼는다는 소문이 들렸습니다. 당시 이게 큰 스캔들이 되었고, 황태후는 황제의 사과와 애원에도 불구하고 끝내 한언을 죽였습니다.

問___ 막강한 권력자의 총애만 믿고 다른 사람의 시선을 무시한 결과네요.

答___ 겸손할 줄 몰랐던 한언의 자업자득입니다. 춤과 노래로 총애를 받았던 이연년도 비슷한 말로를 맞이했습니다.

問___ 노래와 춤으로 황제의 마음을 사로잡을 정도면 대단했던 모양입니다.

答___ 무제의 누이인 평양공주平陽公主가 이연년의 누이를 황제에게 소개했고, 이연년은 누이의 치마끈을 타고 황제에 접근했는데 노래는 물론 색다른 음악을 잘 만들었습니다. 누이도 총애를 받아 황제의 자식까지 낳았는데, 이 누이가 무제의 지극한 사랑을 받은 이부인李夫人입니다.

問＿＿ 남매가 황제의 사랑을 받았으니 위세가 이만저만이 아니었을 것 같습니다.

答＿＿ 이연년은 누이와 그 자신은 물론 부모 형제자매가 모두 연예인 출신이었습니다. 연년은 죄를 지어 궁형을 당한 다음 황제의 사냥개를 관리하던 비천한 신분이었습니다. 그러다 벼락출세를 했으니 자기 자신을 억제하지 못하고 교만방자하게 굴었습니다. 그 아우도 마찬가지였습니다. 이연년은 과거 한언에 버금갈 만한 대우를 받으며 떵떵거리고 살았지만 천박한 가치관을 버리지 못하고 교만하게 굴었고, 그 동생은 궁녀들과 몰래 사통하는 등 패륜적인 행동을 일삼았습니다. 그 후 황제가 사랑했던 이부인이 죽고 이연년에 대한 무제의 총애도 시들자 형제가 무슨 일로 잡혀 모두 처형당했습니다.

問＿＿ 원 없이 부귀영화를 누렸으니 아쉬울 것 없다는 생각도 들지만, 그래도 비참하고 욕된 최후가 아닐 수 없습니다. 조금만 자신을 성찰했더라면 그런 처지는 피할 수 있었을 텐데 말입니다.

答＿＿ 정당하지 않고 옳지 않은 권세와 부귀는 그 자체로 부정한 것 아니겠나요? 노력과 실력으로 이룬 성취라야 오래 가고 또 긍정적인 평가를 받을 수 있습니다. 간신의 부귀영화란 일확천금이나 로또복권과 같은 것이라 허망하게 사라지고, 그 과정에서 인심을 잃

172

어 많은 사람들로부터 손가락질을 받습니다. 그것이 권력자의 무관심으로 이어지고 결국은 파국을 맞는 것입니다. 그래서 공자의 제자인 자공이 "가난하면서 아첨하지 않고 부유하면서 교만하지 않은" 경지에 대해 묻자, 공자는 그것도 나쁘지는 않지만 "그보다는 가난하면서도 즐길 줄 알고, 부유하면서도 예를 지키는 것이 한 단계 위"라고 했습니다. 무슨 일이든 경계, 즉 마지노선을 넘지 않는 것이 중요합니다.

배운 것을 뒤틀어 세상에 아부한 자들

위선자 공손홍

問___ 다양한 간신들의 이야기가 흥미롭습니다. 이제 어떤 이야기로 우리를 사로잡을까 기대됩니다.

答___ '곡학아세曲學阿世'라는 사자성어를 들어보았을 겁니다.

問___ 자신이 배운 것을 이용해 세상에 아부한다는 뜻 아닌가요?

答___ 세상에 아부하는 일이야 좋은 일이지요. 다만 이것의 가장 큰 문제는 무엇을 위해 아부하는가이고, 다음 문제는 누구에게 아부하는가겠지요.

問＿＿ 그야 당연히 개인의 출세와 영달을 위해 아부하는 것이고, 그러기 위해서는 힘과 돈을 가진 자에게 아부하는 것 아닐까요?

答＿＿ 그렇습니다. 예나 지금이나 그 점은 달라지지 않았습니다. 인간은 어떤 면에서 퇴보한 것 같습니다. 과거의 경험과 교훈을 지혜롭게 살리지 못하고 있지요.

問＿＿ 인간이 내재되어 있는 욕망을 절제하거나 균형을 잡지 못하는 것 같습니다.

答＿＿ 전적으로 공감합니다. 쉽게 말해 자기 한 몸의 안락(쾌락)이 가져다주는 유혹을 뿌리치지 못하는 것입니다.

問＿＿ 그런데 가만히 보면 사람들은 그 안락을 위해 한때는 죽을힘을 다해 노력하고 애쓰지 않나요? 그런 모습 자체를 나무랄 수는 없지 않을까요?

答＿＿ 그 과정에서 수단과 방법을 가리지 않는다는 것이 문제입니다. 그러면서 영혼이 병들고 결국에는 비정상적인 쾌락 추구만 남게 됩니다.

問＿＿ 불쌍한 인생으로 전락하는 것이지요.

答＿＿ 물질, 출세, 명예 이런 것들이 지상 최고이자 최대의 목표인 사람들에게는 전혀 그렇지 않습니다. 그런 삶이야말로 최고의 삶이라고 생각하니까요.

問＿＿ 결국은 가치관의 문제로 귀결되는 것인가요?

答＿＿ 결과적으로는 그렇지만, 한 인간이 자신의 목적이나 목표를 달성하기 위해 어떤 환경에서 어떤 방식으로 다가서느냐에 따라 가치관의 질은 달라집니다. 따라서 우선은 한 인간의 자질, 어떻게 살았고 지금 어떻게 살고 있는가를 상세히 추적할 필요가 있습니다.

問＿＿ 철학적인 문제네요. 곡학아세로 출세한 사람들의 이야기가 이 시간의 주제인가요?

答＿＿ 좀 쉽게 '몸보신의 달인들' 정도로 해두지요.

問＿＿ 몸보신의 달인이라…. 재미있네요. 그럼 누구의 이야기부터 들려주나요?

答＿＿ 곡학아세의 주인공인 공손홍公孫弘의 이야기입니다. 위선자僞善者라 정의하고 시작해보겠습니다. 공손홍은 만학도로서 나이 마흔이 넘어 『춘추』를 비롯한 제자백가 학설을 공부했습니다. 생모도 아닌 계모가 죽었는데도 기어이 3년상을 지낼 정도로 효성스러웠습니다. 환갑이 넘어 박사가 되기 전까지는 젊은 날 잠깐 하급 관리

176

사기, 정치와 권력을 말하다

ㅇ

로 있었으나 죄를 지어 파직된 것이 관직 생활의 전부였습니다.

問___ 그 정도로 몸보신의 달인이 되기는 어려울 것 같은데요.

答___ 인간은 안타깝게도 나이가 든다고 해서 악한 자가 선해지거나 아부쟁이가 강직해지지는 않는 것 같습니다. 어떤 면에서는 오히려 더 악화됩니다. 호기심에는 나이가 없듯이 욕망에 나이가 문제되는 것은 아닌 것 같습니다. 공손홍은 권력자 앞에서 절대 바른 소리를 하지 않았습니다. 조정에서 다른 대신들과 논쟁도 하지 않았습니다. 무제가 막 즉위해 그를 흉노에 사신으로 보낸 적이 있는데, 돌아와 올린 복명서가 무제의 마음에 들지 않았던 모양입니다. 그래서 무제는 공손을 무능하다고 꾸짖었습니다. 그랬더니 병을 구실로 사표를 던지고는 고향으로 가버렸습니다. 이때 무제에게 들은 꾸중이 그의 관직 생활에 상당히 큰 영향을 준 것 같습니다. 그래서 다시는 황제 앞에서 얼굴 붉히는 말이나 행동을 하지 않았습니다.

問___ 그 정도라면 '복지부동'에 가까운데, 나쁜 관료라고 할 수는 없지 않을까요?

答___ 공손홍은 그 정도에 머물지 않고 자신과 사이가 나쁘거나 마음에 들지 않는 사람을 몰래 해쳤습니다. 겉으로는 검소한 생활을 하며 점잔을 빼고 다니면서 주위로부터 칭찬을 들었지만, 내면은 그렇지 못했습니다. 자신은 고기반찬 하나에 거친 밥을 먹고 거친 베로 이불을 만들어 덮고 살면서도, 친구나 빈객들이 부탁하면 봉급까지 털어주면서까지 명성을 샀습니다. 이런 것을 명성을 산다는 뜻의 '매명買名'이라 부르는데, 자신의 이름(학문)을 판다고 해서 '매명賣名'이라고도 합니다. 어느 쪽이든 지식인이 자신의 지식을 바르지 않게 사용해 개인의 명예나 영달을 추구하는 것을 비판하는 뜻입니다. 공손홍의 위선은 하도 교묘해 잘 배운 사대부들마저 모두 그를 훌륭하다고 칭찬할 정도였습니다.

問___ 실제로는 어떠했나요?

答___ 남을 시기하고 의심이 많았습니다. 너그러운 것 같았지만 속마음을 알 수 없는 위인이었죠. 자신과 틈이 있는 사람과는 사이가 좋은 것처럼 꾸며댔지만, 몰래 보복을 가했습니다. 주보언主父偃이라는 동료 관리를 죽게 만들었고, 유명한 학자이자 라이벌이라 할 수 있는 동중서董仲舒를 교서(산동성)로 내쫓게 한 것도 그가 꾸민 일이었습니다.

問___ 그 정도라면 공손홍이 권력자의 눈에 들었다는 이야기 아닌가요? 그가 권력자의 마음을 사로잡을 수 있었던 몸보신의 사례가 남아 있나요?

178

答__ 공손홍은 자신이 올린 정책이 받아들여지지 않더라도 황제에게 따지는 법이 없었습니다. 또한 다른 관료들이 먼저 정책을 건의하거나 대책을 내놓으면 그때서야 따라서 거들었습니다. 그러니 황제가 예뻐할 수밖에요. 한번은 공경들과 어떤 일을 황제에게 직언하기로 약속해놓고는, 황제 앞에 서자 낯을 바꾸어 황제의 말에 고분고분하며 동료들을 배신했습니다.

問__ 전형적인 몸보신 관료에다 교활하기까지 하군요.

答__ 급암汲黯이라는 강직한 신하가 공손홍의 이런 행태를 조정에서 대놓고 비난한 적이 있었습니다. 그런데 이에 대한 공손홍의 반응이 기가 막혔습니다. 급암이 제나라 출신, 즉 공손홍의 출신지를 거론하며 정직하지 못하고 불충스럽다고 비난한 일에 대해, 황제가 공손홍에게 묻자 "저를 아는 자는 신을 충성스럽다고 하고, 저를 모르는 자는 불충하다고 합니다"라고 대답했습니다. 이후로 황제는 다른 신료들이 공손홍을 비판할 때마다 공손홍의 말을 떠올리며 그를 더 잘 대우했습니다.

問__ 그러니까 권력자 앞에서는 철두철미하게 웃는 낯으로 명령을 어기지 않으면서 주변의 강직한 대신들에게는 욕을 먹는 자, 늘 부드러운 얼굴로 다른 관료들을 대하고 자기 봉급까지 털어 인심을 사면서도 자신에게 위협이 되는 사람은 음모를 꾸며 해치는 음흉한 속셈의 위선자. 이렇게 정리할 수 있겠습니다.

答___ 그렇습니다. 그래서 원고생轅固生이라는 강직한 학자로부터 '곡학아세'하지 말라는 호통을 들었던 것입니다.

問___ 환갑이 넘은 나이에 조정에 들어와 절묘한 처신으로 부귀영화를 지켜낸 몸보신의 달인 공손홍의 최후는 어땠나요?

答___ 공손홍은 반란의 와중에 병이 들었습니다. 그 상황에도 그는 나라가 어려운 때 병이 들어 정말 죄송하다며 황제에게 자신을 최대한 낮추는 문장의 사직서를 올려 황제의 관심을 사는 한편, 병이 나으면 복직시킬 테니 그때까지는 휴가로 처리하라는 명령을 얻어냈습니다. 그러고는 병이 낫자 다시 복직했고 잘 살다 죽었습니다.

몸보신의 달인들

만석군 석분 가족

問＿＿ 곡학아세로 몸보신을 기가 막히게 했던 공손홍 이야기를 들었습니다. 이런 부류의 인간이 또 있나요?

筶＿＿ 몸보신의 달인 중 한 사람, 아니 한 가족을 소개할까 합니다. '만석군萬石君'이라고 들어보았나요?

問＿＿ 부잣집을 가리키는 말 아닌가요?

筶＿＿ 대개 그렇게들 쓰고 있지요. 그런데 이 단어도 『사기』에서 나왔습니다. 권103 〈만석장숙열전〉에 나오는 석분石奮이라는 인물에서 비롯했습니다.

問__ 『사기』에서도 부잣집의 대명사로 썼나요?

答__ 조금 다릅니다. 석분과 그 네 아들 모두 녹봉 2,000석을 받는 관리였습니다. 모두 합치면 만석이지요. 그래서 석분을 대표로 삼아 만석군이라 불렀습니다.

問__ 재미있습니다. 부잣집이라기보다는 아버지와 아들이 모두 고위직에 있으면서 명예를 누렸기 때문에 붙여진 별명이군요.

答__ 그렇습니다. 그러던 것이 부잣집을 가리키는 용어로 의미가 축소된 것이 아닌가 합니다.

問__ 이번 이야기의 주인공은 만석군인가요?

答__ 만석군 석분과 그 아들들의 처세에 대한 이야기라 보면 되겠습니다.

석분은 원래 조나라 사람이었는데 조나라가 망한 뒤 하남성 온현溫縣이라는 곳으로 옮겨와 살다가, 15세 때 항우를 공격하러 나섰던 유방의 마음에 들어 그를 모시게 되면서 인생의 전환기를 맞게 됩니다.

問__ 석분의 어떤 점이 유방의 마음에 들었나요?

答__ 석분은 예의가 바르고 공경심이 대단했습니다. 여기에 거문고를 잘 타는 누이가 유방의 후궁으로 들어가면서 관운이 트였습니다. 문제 때는 중요 정책을 논의하는 태중대부太中大夫 자리까지 올랐습니다.

問___ 능력도 대단했던 모양입니다.

答___ 그게 그렇지가 않습니다. 문장을 잘하지도 못했고, 학문도 보잘것없었습니다.

問___ 그럼 무엇으로 출세 가도를 달렸단 말인가요?

答___ 앞서 말한 대로 바른 예의와 공경심, 게다가 대단히 신중한 성격이 밑천이 되었습니다. 특히 신중함은 당시 그와 견줄 만한 사람이 없었다고 합니다.

問___ 그런 것들은 흔히들 좋게 평가하는 자질 아닌가요?

答___ 물론입니다. 하지만 그와 상대되는 강직함이나 솔직함 그리고 결단력 등과 적절한 균형을 이루어야만 뛰어난 인물이 될 수 있습니다. 어느 한쪽으로 치우칠 때 문제가 발생하고 비판을 받습니다. 특히, 신중함이 지나치면 비굴해집니다.

問___ 집에서의 석분은 어땠나요?

答___ 그 부분이 참 흥미롭습니다. 자식을 비롯한 식구들에게는 말할 수 없이 엄했습니다. 비정상적이라 할 정도였습니다. 자식들이 잘못을 해도 대놓고 나무라지 않았습니다. 그 대신 밥 먹을 때 옆자리에 앉아 밥상을 받아놓고도 밥을 먹지 않았습니다. 한 방에 앉아 밥상을 놓고 아버지가 수저를 들지 않는데 자식들이 어떻게 밥을 먹을 수 있나요? 결국 아들들끼리 모여 자아비판을 하고 웃통을 벗어 어깨를 드러낸 채 아버지에게 가서 싹싹 빌면 그때서야 용서했습니다. 아주 고약한 성격이었습니다. 그뿐 아니라 쉬고 있을 때도 모자를 쓰게 하는 등 단정하고 엄숙한 분위기를 유지하려 했습니다. 한번은 넷째 아들 경慶이 술을 먹고는 집에 돌아왔는데 바깥문을 지나서도 수레에서 내리지 않고 그냥 들어왔습니다. 이 일로 석분은 예의 그 단식에 돌입했습니다. 이번에도 석경이 옷을 벗고 죄를 빌었지만 용서하지 않았습니다. 온 가족과 장남인 건建까지 나서 웃통을 벗고 싹싹 빈 끝에 겨우 용서를 받아냈습니다.

問___ 참 고약한 늙은이입니다. 숨이 막히네요. 자식들은 어땠나요?

答___ 그게 참, 부전자전인지 그 자식들도 석분과 똑같이 행동했습니다. 석분은 매사를 이런 식으로 살았습니다. 그러니 황제에게는 오죽 비굴하게 굴었을까요.

사기, 정치와 권력을 말하다

問___ 석분을 황제가 좋아하지 않을 수 없었겠습니다. 아들들 이야기도 좀 듣고 싶습니다.

答___ 큰아들 석건과 넷째 아들 석경이 아버지를 빼닮았던 모양입니다.

問___ 장남 이야기부터 듣지요.

答___ 아버지를 끔찍하게 모셨고, 아버지가 죽자 얼마나 슬펐던지 지팡이를 짚어야만 겨우 걸을 정도로 건강을 해쳤고, 1년 뒤 아버지를 따라 죽고 말았습니다. 효성과 순종이라는 면에서 아버지를 능가했다는 평입니다. 몸보신도 아버지와 비슷했습니다. 한번은 자신이 올린 일에 대해 황제의 회신이 내려왔는데, 자기가 글자 하나를 잘못 썼다면서 황제가 책망하시면 죽어야 한다며 두려움에 떨었다는 일화가 전합니다.

問___ 글자 하나하나에 신경 쓰는 거야 뭐라고 할 수 없지만, 그 때문에 죽을까 봐 걱정하다니 정말 대단합니다. 황제의 심기만 살피며 살았나 보네요.

答___ 바로 그 점이 몸보신의 달인들이 안고 있는 공통된 문제점입니다. 넷째 아들 석경은 아들들 중에서도 예절에 민감하지 않아 상대하기가 가장 편한 인물이었지만, 그래도 도토리 키재기였습니다.

석경이 황제의 심기에 얼마나 신경을 썼는가를 극명하게 보여주는 일화가 있습니다. 황제가 석경에게 수레를 몰게 해 외출한 적이 있었습니다. 황제가 수레 앞에서 말이 몇 마리냐고 물었습니다. 그랬더니 석경은 채찍으로 일일이 말의 수를 헤아린 다음 손을 번쩍 들어 "여섯 필입니다"라고 대답했다고 합니다. 사실 황제가 타는 수레의 말은 석경 담당이 아니었습니다. 말을 관리하는 자가 따로 있었지요. 그럼에도 석경이 나서 채찍으로 일일이 말의 수를 헤아린 것입니다. 사실 황제가 타는 수레를 끄는 말의 수는 정해져 있기 때문에 군이 헤아릴 것도 없습니다. 또한 채찍으로 헤아렸으면 그냥 몇 필입니다 하면 될 것을 군이 손을 번쩍 들어 황제의 주의를 끌었던 거죠.

問＿ 권력자가 얼마나 좋아했을까요? 참 기가 막힌 몸보신 방법입니다.

答＿ 요즘도 이런 이야기를 종종 듣지 않나요? 권력자가 방귀를 뀌니까 옆에 있던 비서인가 하는 작자가 "각하, 시원하시겠습니다"라며 알랑방귀를 뀌었다는 일화와 판박이 아닐까요?

問＿ 그런데 곤혹스러운 것은 이런 자들의 행태가 표면적으로 나라와 백성들에게 해를 끼치지 않는다는 사실 아닌가요?

答__ 맞습니다. 석경은 9년 동안 승상 자리에 있었지만, 정치의 잘못된 점을 고치는 일은 물론 말조차 하지 않았던 인물입니다. 오로지 입 다물고 황제의 심기만 살피다 끝났습니다. 또 법률 조문은 꼬치꼬치 따지고 들어 주도면밀하고 신중하게 처리했지만, 백성들을 위해서는 한마디도 하지 못했습니다.

問__ 죄를 지은 것도 아니고 부정과 비리를 저지른 것도 아니니 판단하기가 어렵습니다.

答__ 그래서 몸보신의 달인 아닐지요? 문제는 이런 자들이 자리를 오래 지키고 있음으로 해서 공직 사회에 불량한 분위기가 형성된다는 것입니다. 복지부동으로 시간만 때우면 승진하고 봉급이 오른다고 생각하는 공직자들의 전형을 보는 것 같습니다. 결과적으로 발전이 없습니다. 현대 사회에서는 퇴보합니다. 이를 증명이라도 하듯이 석씨 집안은 석경을 정점으로 쇠퇴하기 시작했고, 가풍도 퇴락하고 말았습니다.

問__ 집안이든 나라든 소통과 활기가 결여된 분위기는 그 구성원을 침체시킬 수밖에 없다는 생각이 듭니다.

答__ 전적으로 공감합니다. 실수가 있고, 때로는 실패를 하더라도 백성과 나라를 위해 도전적으로 일하면서 경험을 쌓아야 우리 삶도

나라도 진보합니다. 경험의 축적, 즉 빅 데이터가 자산이 되고 문제 해결의 근거가 되는 세상 아닙니까.

자신과 집안을 망친 술자리 이야기

〈위기무안후열전〉 속 비극

問__ 우리 사회 음주 문화는 계속 변화하고 있습니다. 요즘은 코로나19 때문에 더욱 그렇습니다. 안 좋은 관행은 사라지고 적당히 즐기는 문화로 자리 잡는 것 같아 보기 좋은데요. 『사기』에도 술과 관련한 이야기가 있나요?

答__ 물론입니다. 그것도 상당히 많은 편입니다. 술은 인류 문명사와 걸음을 같이해왔다고 보는 것이 정설입니다. 1만 년 전에 술이 발명되었다는 주장도 있습니다. 중국사를 보면 술 때문에 자기 한 몸은 물론 나라까지 망친 경우가 적지 않습니다. '주지육림酒池肉林'이라는 고사성어가 상징적으로 보여주고 있지 않습니까. 은나라가 망한 원인 중 하나로 음주를 꼽는 학자들도 있습니다. 고고학 발굴을 통해 출토되는 여러 가지 기물 중 술잔이 가장 큰 비중을 차지하는 걸로 봐서도 일리가 있는 주장입니다.

問__ 그런데 이 술이라는 것이 사람의 정신을 흩트리기 때문에, 마실 때는 좋지만 뒤끝이 좋지 않은 경우가 많습니다.

答__ 음주를 적당히 하기란 쉽지 않습니다. 게다가 우리네 사회생활 자체가 스트레스의 연속이다 보니 현대인들의 음주는 절제를 잃기 십상입니다. 그래서 아예 안 마시는 경우도 느는 모양입니다.

問__ 술자리의 특징 같은 것이라든가, 음주의 경지 같은 것이 있다면 좀 알고 싶습니다.

答__ 개인적으로 음주의 경지는 술을 마실 줄 아는 것과 술을 잘 마시는 것, 이 둘로 나뉜다고 생각합니다. 마실 줄 아는 경지에는 음주의 양만 존재하고, 잘 마시는 경지에는 음주의 질이 존재합니다. 음주의 양만 존재하는 경지에서는 대개 술이 무기가 됩니다. 상대에게 술을 강권하고 주변 인물에 대한 헐뜯기와 욕이 난무하는 자리라는 뜻입니다. 이런 식으로 스트레스를 푸는 것은 좋을 것이 없습니다. 악순환만 계속될 뿐이지요.

사기, 정치와 권력을 말하다

問＿ 음주의 질이라, 공감이 갑니다. 술자리에서 술잔을 받지 않거나 마시지 않으면 무슨 죄인이나 나쁜 사람인 것처럼 취급하지요. 그러다 보니 싸움도 자주 벌어지고, 다음 날 꼭 후회를 하게 됩니다.

答＿ 그런 음주 문화가 만연하다 보면 나라와 국민들 정신 건강에 해를 끼칩니다. 그래서 술을 좋아하는 민족은 망한다는 말까지 있지 않나요? 아무튼 음주 문화의 질과 경지를 끌어올릴 필요는 있겠습니다. 양을 떠나 얼마든지 즐겁게 통쾌하게 즐길 수 있지 않나요?

問＿ 그래서 말인데 『사기』 속의 술자리나 그와 관련된 재미난 이야기가 있으면 들어보고 싶습니다.

答＿ 『사기』 130권을 통틀어 가장 흥미로운 술자리 이야기라면 권 107 〈위기무안후열전〉을 꼽을 수 있습니다. 이 열전은 위기후魏紀侯 두영竇嬰, 무안후武安侯 전분田蚡, 그리고 관장군 관부灌夫 세 사람의 합전인데, 이 세 사람과 술에 얽힌 일화라고 보면 됩니다. 하지만 재미있다기보다 비극적입니다. 세 사람 모두 술 때문에 비참하게 죽기 때문입니다.

問＿ 안타깝긴 한데 그렇게 말하니 더 궁금합니다.

答＿ 이 세 사람의 비극적 죽음은 한나라 초기 황실의 권력 암투와 관련이 있습니다. 외척 세력을 비롯한 지배층의 부패와 비리 또한 보여줍니다.

問__ 질이 낮은 술자리라는 것이 결국은 그런 모습들을 반영하는
것 아닌가요?

答__ 잘 보았습니다. 이 열전에는 여섯 번의 술자리가 묘사되어 있
는데, 모두 비극적 결말을 이끌어내는 절묘한 장치로 작용합니다.
사마천의 신필神筆이 돋보이는 한 편입니다.

問__ 절묘한 장치, 그런 것을 흔히 '복선을 깐다'고 하는데 『사기』
의 큰 매력 중 하나라는 생각이 듭니다. 그럼 권력자 세 사람을 죽음
으로 몰고 간 술자리 이야기로 가보죠.

答__ 먼저 세 사람의 신상 명세를 일별할 필요가 있습니다. 먼저 위
기후 두영은 문제의 황후였던 두황후의 조카뻘, 그러니까 외척인
셈입니다.

問__ 그러면 황후의 배경 덕에 출세했나요?

答__ 처음에는 그랬지만 나중에는 황후와 사이가 벌어집니다. 문
제가 죽고 아들 경제가 막 즉위했을 때 가진 술자리 때문입니다. 이
것이 첫 번째 술자리입니다.

問__ 두영이 주정을 부렸나요?

答__ 주정이랄 것까지는 없고 바른 소리를 했다가 두황후, 그때는 태후가 되어 있었는데 그녀의 눈 밖에 납니다. 두태후는 황제가 된 경제보다 작은아들 양효왕梁孝王을 더 사랑했습니다. 그런데 술자리에서 경제가 별 생각 없이 나중에 황제 자리를 효왕에게 물려주겠다는 발언을 했습니다. 말 그대로 어머니 듣기 좋으라고 한 입발림이었습니다. 두태후는 당연히 기뻐했지요. 그런데 이 순간 두영이 나서 분위기를 깨버렸습니다.

問__ 술자리인데 그냥 넘어가도 되었을 텐데요.

答__ 그게 안 되니까 문제가 터진 거겠죠? 비극적 결말도 마찬가지고. 두영은 국법에 엄연히 적장자에게 물려주게 되어 있는 황제 자리를 동생이 물려받는다는 것은 말도 안 된다며 찬물을 끼얹어버렸습니다. 실세인 두태후의 눈 밖에 났으니 어찌 됐겠어요? 두영은 관직을 버리고 고향으로 물러났고 화가 덜 풀린 두태후는 두영을 족보에서 지워버렸습니다. 그리고 계절마다 인사하러 오는 것조차 막았습니다.

問__ 사이가 단단히 틀어졌군요. 술자리에서 바른 소리 한마디 했다가 낭패를 당한 거네요. 그 후 두영은 어찌 되었나요?

答__ 경제 때 일어난 병목위기인 '오초 7국의 난'에서 큰 공을 세워 위기후에 봉해지고 화려하게 정계로 복귀했습니다. 두태후도 감정을 풀고 여러 차례 그를 승상에 추천했습니다. 하지만 그 당시 술자리 때 두영에게 깊은 인상을 받았던 경제는 그의 경박하고 경솔한 성격을 탐탁지 않게 여겨 끝내 승상에 임명하지 않았습니다.

問__ 어쨌거나 술자리 한번 때문에 태후와 황제 모두에게 찍힌 셈이군요.

答__ 이제 두 번째 인물인 무안후 전분을 소개할 차례입니다. 전분은 경제의 황후와 배다른 형제지간이었습니다. 그러니까 그도 외척이었습니다. 두영이 잘나갈 때 그의 집을 드나들며 술자리를 함께하고 두영을 깍듯이 모셨습니다.

問__ 술친구였군요.

答__ 처음에는 그랬습니다. 하지만 경제가 죽고 어린 무제가 즉위해 왕태후가 섭정을 하게 되었을 때 전분의 위치가 점점 올라갔고, 이에 따라 두 사람의 관계도 변하기 시작했습니다. 전분은 키가 작고 못생긴 것이 콤플렉스였는데, 그래서인지 일부러 거만하게 굴었습니다. 그런 것으로 자신의 단점을 감추려 한 것이죠. 세도도 이만저만이 아니었습니다. 황제도 배척한 채 인사권을 독단해 실권이 황제로부터 전분에게로 옮겨갔다는 말까지 들었습니다. 황제가 나도 관리를 좀 임명해보겠다며 볼멘소리까지 했을 정도였지요.

問__ 막강한 권세였군요. 그런 자가 베푸는 술자리도 대단했겠습니다.
答__ 술자리에서도 안하무인이었습니다. 술자리에서 자신의 형을 남면하게 할 정도였으니까요.

問__ 남면은 황제나 하는 것 아닌가요?
答__ 그러게 말입니다.

問__ 그게 술자리에 대한 세 번째 언급인가요?
答__ 그렇습니다.

問__ 그러니까 술자리에 대한 언급을 통해 주인공들의 성격과 처신을 묘사해 훗날 벌어질 사태의 원인을 밝힐 복선을 깔았군요.
答__ 잘 보았습니다.

問__ 이제 관부란 인물이 남았는데요.
答__ 이 이야기와 결정적인 술자리의 주인공이 바로 관부입니다.

問___ 관부도 외척이었나요?

答___ 세 사람 중 관부만 유일하게 외척이 아니었습니다. 그는 원래 장씨였는데 아버지 장맹張孟이 영음후 관영의 가신이었던 인연으로 관씨 성을 쓰게 되었습니다. 그리고 '오초 7국의 난' 때 수십 명의 하인을 이끌고 오나라 군영을 공격해 10군데 이상 부상을 당하면서 큰 공을 세워 명성을 떨쳤습니다.

問___ 용맹함으로 명성과 자리를 얻은 사람이군요.

答___ 그렇습니다. 주벽은 있었지만 강직한 성격이라 남의 기분을 맞추는 말 같은 것을 못했습니다. 하지만 한번 한 약속을 반드시 지키는 성격이었습니다. 실제로 사귀는 자들도 호걸 아니면 도적이 전부였으니까요. 재산도 수만금을 쌓아놓을 정도로 많았는데, 이런 인간관계를 이용해 권세를 확장하고 이익을 독점한 결과였습니다. 얼마나 세도를 부렸으면 관부 고향에 흐르는 영수潁水라는 강물에 빗대어 '영수가 맑으면 관씨 집안이 편하겠지만 흐려지는 날에는 멸족을 당하리라'라는 노래까지 유행했습니다.

問___ 세 사람의 신상 명세를 들었습니다. 그렇다면 이 세 사람의 관계는 어떠했나요?

答___ 관부는 두영과 부자지간을 방불케 할 정도로 가깝게 지냈습니다. 전분과는 그리 가깝지 않았습니다.

問___ 세 사람이 어떤 인연으로 얽혔길래 그렇게 끝났을까요?

答___ 두영과 전분은 친한 사이였습니다. 그러나 두영은 관부와 더 가까웠고, 한때는 두영이 외척으로 큰 위세를 떨쳤습니다. 하지만 전분이 왕태후와의 관계를 발판으로 점차 권력을 장악하면서 두영과 전분의 위상이 역전되었습니다. 전분은 승상이 되었지요. 그러던 중 전분이 지나가는 말로 관부에게 두영과 함께 술 한잔 하고 싶다고 했습니다. 술자리를 좋아하는 관부는 전분에게 술자리를 준비하게 할 테니 내일 아침에 두영의 집으로 오라고 했습니다.

問___ 그게 네 번째 술자리가 되는군요.

答___ 그런데 전분이 약속 장소에 나타나지 않는 불상사가 터졌습니다.

問___ 정성들여 마련한 술자리인데 승상이 약속을 어기다니요.

答___ 그렇습니다. 부랴부랴 고기며 술을 사 오느라 부산을 떨었고 집도 깨끗하게 청소해놓고 기다렸는데 말이지요. 화가 난 관부가 전분의 집에 찾아가 반강제로 모시고 옵니다. 전분은 어제 과음한 탓에 약속을 잊었다며 둘러댔지요. 하지만 사실은 농담 삼아 던져 본 말이라 애당초 갈 생각이 없었던 것입니다. 전분은 수레를 타고 느릿느릿 오며 관부의 성질을 계속 긁어댔고 결국 술자리에서 사달이 나고 말았습니다. 술이 취해 관부가 전분에게 함께 춤을 추자고 권했고, 전분이 거절하자 전분을 자극하는 말을 퍼부었습니다. 놀란 두영이 전분에게 사과해 적당히 넘어가긴 했지만 전분과 관부 두 사람 사이에 앙금이 쌓였고, 두영 또한 기분이 상했습니다.

권력을 쥐고 있는 전분은 관부에게 당한 모욕을 그냥 넘기지 않았습니다. 두 사람의 관계를 잘 알고 있던 터라 관부가 아닌 두영을 괴롭혔습니다. 이유도 없이 성 남쪽에 있는 두영 소유의 밭을 내놓으라고 했지요. 이제 두영까지 화가 납니다. 이 사실을 알게 된 관부는 더 분노했고, 두영은 당연히 전분의 요구를 거절했습니다. 그러자 전분은 과거 두영이 자신에게 신세 진 일을 이야기하며 두영과 관부를 싸잡아 원망하기에 이르렀습니다.

問___ 세 사람이 모두 자존심을 내세우며 감정 대립으로 치달았군요.
答___ 당시 외척을 비롯한 세도가들의 행태가 그랬습니다. 이제 세 사람은 돌아올 수 없는 다리를 건넜지요. 여기에 또 한 번의 술자리가 결정적인 작용을 하게 됩니다.

問___ 마지막 다섯 번째 술자리인가요?

答＿ 전분이 연나라 왕의 딸을 아내로 맞이했습니다. 두태후는 종실과 열후들에게 가서 축하를 하라는 압박성 권유를 내립니다. 외척 신분이었던 두영은 당연히 참석해야 했습니다. 그래서 친한 관부더러 함께 가자고 했습니다. 지난번 술자리도 있고 해서 관부는 거절했지만 두영이 그 일은 다 해결되었다면서 한사코 같이 가길 권해 동행하게 되었습니다. 전분은 이 술자리를 한껏 이용했습니다. 분위기가 무르익자 건배를 제의했고, 좌중의 모든 사람이 일어나 인사를 올렸습니다. 이어 두영도 축배를 제의했는데 좌중의 절반도 일어나지 않았습니다. 권세의 차이가 적나라하게 드러난 것입니다. 관부는 보고만 있기가 힘들었습니다. 친구의 수치가 자신의 수치라고 여기는 성질이었으니까요. 그러다 두영이 일어나 쭉 술잔을 돌리는데, 임여후臨汝侯와 정불식程不識이 술 받을 생각은 하지 않고 귓속말을 주고받자 그만 폭발해버렸습니다.

問＿ 울고 싶은데 뺨 때린 격이 되었군요.

答＿ 관부는 어른이 술을 권하는데 계집애들처럼 귓속말이나 주고받는다며 임여후를 욕했고, 순간 술자리 분위기가 험악하게 돌변했습니다. 전분이 관부에게 사과할 것을 요구했지만, 관부는 죽었으면 죽었지 그렇게는 못 한다고 버팁니다. 사람들은 슬슬 자리를 떴고, 분위기를 파악한 두영이 관부를 불러내 함께 자리를 피하려 했습니다. 그런데 전분이 기병을 시켜 관부를 억류시켜버렸습니다. 승상이자 실세인 전분의 체면이 걸린 일이니까요. 자기를 축하하기 위해 베푼 술자리를 망쳤으니 말입니다. 그래서 강제로 관부에게 사과를 요구했으나 관부는 끝내 사과하지 않았습니다.

問__ 그렇게 된 이상 순순히 사과할 수는 없었을 것 같은데요?

答__ 관부의 기질로 봐서도 사과는 불가능했습니다. 전분도 그걸 알고 사과를 강요한 것입니다. 전분은 태후가 조서까지 내려가며 축하하라고 한 자리를 엉망으로 만든 것은 불경죄에 해당한다며 관부를 사법부로 넘겨버렸습니다. 불경죄는 사형이었습니다. 정작 안타까운 사람은 두영이었습니다. 오기 싫다는 사람을 억지로 데려왔는데 관부가 죽게 생겼으니 말이죠. 그래서 백방으로 뛰어다니며 관부를 구명하려 했습니다. 황제까지 만나 간신히 목숨을 구했지요.

問__ 그 정도 선에서 마무리되는 것이 정상 아닌가요?

答__ 그러게 말입니다. 하지만 관부가 아니라 두영과 전분이 서로를 비난하고 나서면서 전선이 확대되어버렸습니다. 급기야 황제까지 나서서 사태를 수습하기 위해 조정 대신들의 의견을 묻는 지경에 이르렀습니다.

사기 · 정치와 권력을 말하다

問___ 술자리의 사소한 시비와 다툼이 정치적인 문제로 번졌다는 말인가요?

答___ 조정의 여론은 둘로 나뉘었습니다. 하지만 전분은 실세 아닙니까. 결국 전분 쪽으로 여론은 기울었고, 이 와중에 관부는 공문서 조작 혐의까지 뒤집어쓰고는 자신은 물론 일족이 몰살당하는 비운을 맞이합니다. 상심한 두영도 이판사판으로 전분을 비난했고, 결국 유언비어에 휩쓸려 목이 잘렸습니다.

問___ 전분은 어떻게 되었나요?

答___ 사실 술자리에서 벌어진 사소한 다툼을 이렇게까지 키운 장본인은 전분 아닌가요? 실세가 좀 너그럽게 받아들였으면 될 터인데 거만한 성격이 제대로 위력을 발휘한 셈입니다. 하지만 그 역시 끝이 좋지 않았습니다. 죽은 두영과 관부의 귀신이 자꾸 나타나 전분을 괴롭혔고, 결국 귀신이 들려 죽었습니다.

問___ 상투적인 말이지만 허망합니다. 모든 것이 술자리 때문이었습니다.

答___ 그래서 처음에 말하지 않았나요? 술을 마실 줄 아는 것과 잘 마시는 것은 차원이 다르다고 말입니다. 많이 마시면 몸과 마음이 자제력을 잃기 마련입니다. 평소 자기 언행에 신경을 쓰고 술의 속성을 통찰해야만 이런 실수를 피할 수 있습니다.

問__ 그것 참! 술잔 돌리다가 서로를 비난하고 원망하고, 결국은 험한 꼴을 본 경우 아닌가요? 하긴, 정도만 달랐지 우리 주변에서도 이런 모습을 심심찮게 보기는 합니다. 술뿐이 아닌 것 같습니다. 적당한 선에서, 적절한 단계에서 물러설 줄 모르고 과도한 욕심을 부리다 손가락질을 받고 좋지 못하게 끝나는 사람이 많습니다. 남의 일이 아닙니다.

答__ 술잔 돌리다 서로를 비난하고 원망하는 경우를 '배주책망杯酒責望'이라는 네 글자로 표현합니다. 또 술자리에서 실수하는 것은 '주실酒失'이라고 합니다.

問__ 술을 그냥 마시는 것이 아니라 잘 마실 수 있는 질적 차원의 고민이 필요합니다.

答__ 그럴 수만 있으면 인간관계의 질도 한 차원 높아질 겁니다.

7

리더의 덕목

천하 백성들의 이상적 리더를 논하다

다섯 제왕 이야기 〈오제본기〉

問___ 『사기』에 리더와 리더십에 관한 내용도 있나요?

答___ 좀 보태서 말하자면 첫 권부터 온통 그 내용입니다. 『사기』의 첫 권은 그 사실 여부를 놓고 지금도 논쟁이 끊이질 않는 전설 속 다섯 제왕, 즉 '오제'에 관한 이야기인 〈오제본기〉입니다. 사마천은 자신의 육신이자 영혼과도 같은 『사기』 맨 첫 권에 천하 백성들이 가장 갈망하는 이상적인 리더의 모습을 투영시킵니다. 최고의 리더가 갖추어야 할 자질도 상세히 제시해 훗날 다른 제왕들이 이를 본받도록 배려한 것입니다. 이와 함께 이상적 제왕의 대척점에다가 나와서는 안 되는 나쁜 제왕들을 배치해 선명한 대조를 이루게 함으로써 바람직한 리더에 대한 갈망을 더욱 강렬하게 표출하고 있습니다.

間___ 흔히들 말하는 '요순시대'가 바로 그것인가요?

答___ 그렇습니다. 사마천이 『사기』 첫 권에다 오제를 기록한 이래 2,000여 년 동안 가장 바람직한 리더와 그 리더가 다스리는 시대를 '요순시대'라는 말로 표현해왔습니다.

間___ 사마천이 제시하는 바람직한 리더십은 구체적으로 어떤 것들 인가요?

答___ 〈오제본기〉에는 오제가 갖추고 있는 많은 자질이 열거되어 있습니다. 이것들을 모두 모아 비교 분석해본 결과 오제에게 공통 적으로 발견되는 리더십 항목이 있었습니다.

間___ 동양 사회에서 리더에서 요구했던 최고의 덕목이라 할 수 있 는 '덕德'이 먼저 떠오릅니다.

答___ 정답입니다. 오제 모두에게서 확인되는 공통된 리더십 항목 은 바로 '덕'입니다. 사마천은 리더가 갖추어야 할 가장 중요한 자질 로 덕을 꼽았습니다. 덕이란 굉장히 추상적인 개념 같지만 사실은 그렇지 않습니다. 남의 마음을 내 마음처럼 생각하는 것, 남의 처지 를 내 처지처럼 여기는 것이 덕입니다. 그래서 공자는 "덕이 있는 사람은 외롭지 않다. 반드시 이웃이 있기 마련이다"라고 했습니다. 그런데 이 덕은 리더가 끊임없는 자기 수양을 통해 갖추어야 하는 궁극적 리더십 항목입니다. 즉, 덕을 갖추기 위해서는 세부적인 자질이 필요하다는 말입니다.

問___ 덕이란 이미 또는 원래 갖추어진 리더십이 아니라 단련이나 수련을 통해 갖추어가는 '진행형 리더십'이라는 뜻인가요?

答___ '진행형 리더십'이라는 표현이 아주 좋네요. 덕이라는 최고 리더십을 갖추기 위해 리더는 여러 가지 하위 리더십을 갖추어야 합니다. 이를테면 근검절약, 침착, 지략, 겸손, 공평무사 등이 덕의 리더십을 갖추기 위한 하위 리더십 항목들로 제기되고 있습니다. 그런데 오제의 리더십 항목에서 아주 흥미로운 것이 발견됩니다. '사리 분별'이라는 항목입니다. 기록의 양이 상대적으로 적은 전욱顓頊이라는 제왕을 제외한 나머지 네 명의 제왕들 모두에게서 이 사리 분별이 발견됩니다. 그리고 사리 분별력을 갖추기 위해 한결같이 널리 보고 들어 백성의 절박한 요구를 잘 헤아렸습니다. 또 경청과 함께 열심히 생각하고 자기 수양을 병행했습니다.

問___ '경청'이니 '배려'니 하는 개념이 2,000여 년 전에 모두 있었던 것이군요.

答__ 어떤 면에서는 훨씬 더 밀도 높게 나타납니다. 한 나라의 지도 자에게 요구되는 덕목이기 때문입니다. 이런 리더십을 갈고 닦으면, 백성들을 사랑으로 돌보게 되고(황제黃帝), 차분하고 지략이 있어 사리에 밝고(전욱), 공평하게 은덕을 베풀고 남을 이롭게 하되 자신의 이익은 꾀하지 않고(제곡帝嚳), 구족이 화합을 이루며(요堯), 관리들에게 절대 신중한 법 집행을 강조하는(순舜) 바람직한 통치 행태가 그 결과물로 나타나게 되는 것입니다.

問__ 그렇다면 바람직한 리더십의 대척점에 있는 나쁜 리더십 항목으로는 어떤 것들을 들고 있나요?

答__ 우선 백성들을 못살게 구는 것을 꼽습니다. 항목으로 교만, 거드름, 오만, 비방, 불효, 불화, 부도덕, 부덕, 정쟁, 사심, 표리부동, 무능 등을 들고 있습니다. 특히 교만과 부도덕을 강조합니다.

問__ 오늘날의 리더십 항목으로도 손색이 없습니다. 덧붙여 우리 현실과 비교해 반면교사로 삼거나 성찰의 계기로 삼을 만한 내용들은 없을까요?

答__ 덕의 리더십은 하위 리더십 항목을 실천함으로써 도달하게 되는 최종 단계이기 때문에 실천 과정에서 확인할 수는 없습니다. 오제의 리더십에서 가장 주목할 만한 것은 '사리 분별'이라고 했습니다. 요즘 식으로 말하자면 '상황 판단력'이고 '민심을 제대로 헤아리는' 것입니다. 이를 위해 오제는 널리 보고 듣고, 인간과 사물을 세밀히 관찰하고 깊이 생각한 다음 말하고 행동했습니다. 경박하거나 천박하지 않고 고상했습니다. 특히 제곡은 보통 사람과 다를 것 없는 옷을 입고 근검절약하며 공평무사하게 백성들을 아꼈습니다. 사마천은 정치를 수준에 따라 다섯 단계로 나누면서 가장 최악의 정치란 '백성들과 싸우는 정치'라고 일갈했습니다.

問___ 『사기』가 제시하는 리더십 항목이 와닿습니다. 많은 도움이 될 것 같습니다.

答___ 그런 지도자라야 국가 존망의 이치를 탐구하고, 다양하고 능력 있는 인재를 기용할 수 있으며, 치국의 방법까지 설파할 수 있습니다. 그리고 아첨하는 자들을 멀리하고 충고를 잘 듣고 사방의 문을 개방해 민의를 정확하게 파악할 수 있습니다.

問___ 다 좋은 말이긴 하지만 오제란 전설 속 이상향의 리더들 아닌가요?

答___ 현실에 매몰된 리더의 모습이 어떤지 다들 잘 알지 않나요? 꿈과 이상을 잃은, 아니 꿈과 이상조차 없는 리더에게 국민들이 무엇을 바라겠나요? 『사기』가 제시하는 리더와 리더십은 보통 사람들이 갈망하고, 인간이 궁극적으로 추구해야 할 바람직한 지도자의 모습을 제시하고 있다는 점에서 큰 의미가 있습니다. 요컨대 사마천은 보통 사람들의 강렬한 염원을 『사기』 첫 권에 투영한 것입니다. 그것은 사마천 자신이 원하는 리더의 모습이기도 했고요.

問___ 어떻게 보면 〈오제본기〉는 영원히 변치 않을 리더십을 제기하고 있는 것이 아닌가 하는 생각이 듭니다.

答___ 동감입니다. 이들 모두가 자신의 자리를 자식이 아닌 능력 있는 사람에게 물려주었다는 점에서 더 많은 것을 생각하게 만듭니다.

問___ '선양禪讓'이 그것인가요?

答___ 그렇습니다. 특히 요 임금이 자기 자식이 아닌 민간에서 발탁한 순에게 자리를 양보하면서 남긴 말은 천하의 명언으로 꼽을 수 있습니다. 우리 사회 각계각층의 지도자들이 깊이 새겨들어야 합니다.

"한 사람의 이익을 위해 세상 모든 사람이 손해를 볼 수는 없다, 결코(종불이천하지병이이일인終不以天下之病而利一人)!"

명장의 조건

사마양저의 리더십

問___ 『사기』에 나오는 멋진 군인 이야기를 좀 해보지요. 병법가로 유명한 손자孫子, 손빈孫臏, 오기吳起 등이 모두 『사기』에 나오지 않나요?

答___ 그렇습니다. 그런 점에서 『사기』는 고대 군사학과 병법가들을 연구하는 데 없어서는 안 될 귀중한 책입니다.

問___ 누구 이야기를 먼저 할까요? 손자인가요?

答___ 잘 알려져 있지 않지만, 대단히 매력적인 군사전문가이자 무장 한 사람을 소개하려 합니다. 춘추시대 지금의 산동반도에 자리잡은 제나라가 있었습니다. 그 제나라의 무장이었던 사마양저司馬穰

苴라는 인물입니다. 사마천은 『사기』에 병법가와 무장들과 관련한 열전을 이어서 안배했는데 사마양저는 처음 등장하는, 말하자면 무장으로서 또는 군사전문가로서 선구자가 되는 인물입니다. 주제는 사마양저의 리더십입니다. 말하자면 진정한 무인의 리더십이라고나 할까요? 기원전 6세기 중반 무렵이었습니다. 당시 제나라는 북방의 연나라와의 전쟁에서 계속 패해 모두가 의기소침해 있었습니다. 당시 통치자였던 경공은 재상으로 있는 안영晏嬰에게 이 문제를 상의했습니다. 그러자 안영은 사마양저를 추천합니다. 그런데 이 과정에서 사마양저의 신분이 걸림돌이 되었습니다. 당시 제나라에서 가장 큰 세력을 가진 집안은 전田씨 집안이었고, 사마양저도 그 집안사람이었습니다.

間___ 그런데 왜 성이 전씨가 아니고 사마씨인가요?

答___ 본명은 전양저가 맞습니다. 고대에는 군대와 관련한 관직으로 '사마'라는 자리가 있었기 때문에 사마양저라고 불렀습니다.

間___ 그럼 사마천도 무인 집안이었나요?

答___ 그렇습니다. 사마천 훨씬 이전인 주선왕周宣王 때 조상이 군사를 담당하는 사마씨가 되어 사마라는 성을 갖게 된 것입니다.

問__ 그렇군요. 그건 그렇고 사마양저는 유력한 집안의 자제인데 왜 문제가 되었을까요?

答__ 서자라는 게 문제가 됐습니다. 사마양저는 자신의 이런 약점을 잘 알았기 때문에, 추천을 받자 임금이 총애하고 백성들이 존경하는 인물로 하여금 군대를 감독하게 해달라고 요청했습니다.

問__ 자신의 출신 성분 때문에 군사들이나 백성들의 충성심을 장악하기 힘들다고 보고, 명망 높은 인물과 함께 통솔해 군심이 흩어지는 것을 막으려 한 것이군요.

答__ 그렇습니다. 경공景公도 사마양저의 말에 일리가 있다고 판단해 경공이 총애하는 장고莊賈라는 신하를 붙여주었습니다. 사마양저는 장고와 다음 날 정오까지 군영의 문 앞에서 만나기로 약속했습니다.

問__ 사마양저는 제나라 군대를 이끌고 전쟁에 나설 준비를 하고 있었나 보군요?

答__ 그렇습니다. 다음 날 사마양저는 먼저 군영으로 와서 해시계며 물시계를 준비해놓고 장고가 오기를 기다렸습니다. 그런데 임금의 측근인 이 장고란 자가 문제였습니다. 권세만 믿고 설치는 전형적인 교만한 관료였습니다. 군대의 감독관이 되어 떠난다고 측근들이 송별연을 베풀어주자 거들먹거리며 하루 종일 술을 퍼마신 것입니다. 정오에 와야 할 사람이 저녁이 되어서야 비틀비틀 술 취한 모습으로 나타났습니다.

사마양저는 장고에게 장수는 출전 명령을 받으면 그 순간부터 집을 잊어야 하는 것이라며 점잖게 나무란 다음, 지금 병사들은 낮에는 땡볕에서 밤에는 이슬을 맞으며 노숙하고 있으며 임금도 편히 자지 못하고 있거늘 백성들의 목숨을 책임진 자가 송별연은 무슨 송별연이냐며 호통을 쳤습니다. 나아가 사마양저는 군법을 책임지고 있는 군정軍正을 불러 이럴 경우 어떻게 처벌하느냐고 물었습니다. 군정은 목을 베는 참형이라고 답했습니다. 사마양저는 이참에 장고의 목을 베어 전군의 본보기로 삼으려 했습니다.

겁이 더럭 난 장고가 급히 경공에게 사람을 보내 구원을 요청했습니다. 사마양저는 장고가 보낸 사람이 돌아오기 전에 장고의 목을 베어 전군에 본보기를 보였고, 병사들은 사마양저의 위세에 모두 두려움을 갖게 되었습니다.

問___ 그런데 큰일 아닌가요? 임금의 총신을 죽였으니.

答___ 얼마 뒤 장고가 보낸 사람이 사면령을 갖고 돌아왔습니다. 하지만 사마양저는 눈 하나 깜짝 않고 "장수가 군중에 있으면 군주의 명이라도 받지 않는다(장재군將在軍, 군명유소불수君命有所不受)"는 명언을 남깁니다. 이는 훗날 손자 등에 의해 숱하게 강조된 중요한 군대 통솔 원칙이자 리더십에서의 '위임委任'이라는 문제를 제기한 명언으로 남아 있습니다. 사마양저는 이어서 사신이 말을 타고 군중을 달린 죄는 어떻게 처벌하느냐며 다시 군정에게 물었습니다. 마음 급한 사신이 군중에 들어올 때 말에서 내려야 한다는 군법을 어긴 것을 사마양저가 지적한 것입니다. 군정이 그 역시 참수라고 하자, 임금의 사신을 죽일 수는 없으니 그 대신 마부의 목을 베고, 수레 왼쪽 부목이라고 하는 긴 나무를 자르는 한편 왼쪽 말의 목도 베어 전군의 본보기로 삼았습니다. 이어 사자를 임금에게 보내 이 일들을 보고한 후 출정했습니다.

問__ 출정을 앞두고 사마양저가 흩어진 군심을 다잡기 위해 이런 강수를 둔 것이군요.

答__ 군대는 사기를 먹고 사는 조직입니다. 승부의 절반 이상이 사기의 높고 낮음에 따라 결정된다는 말도 있습니다. 나폴레옹도 군대에서의 사기를 대단히 중시했고, 원칙대로 군법에 따라 처리함으로써 군법의 엄중함을 보이고 자신의 지휘권을 확실하게 장악한 것입니다. 리더가 리더십을 발휘하는 과정에서 원칙과 법이 얼마나 중요한가를 사마양저가 몸소 보여주었습니다. 그런데 사마양저는 강경한 리더만은 아니었습니다. 병사들을 자기 몸처럼 아꼈습니다.

7
장
리
더
의
덕
목

○

215

자신에게 배급된 양식과 물자들을 모두 병사들에게 나누어주었습니다.

적국이 이 소식을 듣고는 싸우지도 않고 철수해버렸습니다. 사마양저는 잃었던 땅을 고스란히 되찾아 돌아왔는데, 마무리 과정에서도 참으로 적절한 리더십을 발휘했습니다. 군대가 도성에 도착하기 전에 병사들의 무장을 해제하고 군령을 취소하고는 나라와 임금에 충성을 맹세하게 한 다음 도성으로 진입하게 한 것입니다. 이런 조치가 없이 그냥 도성으로 진입한다고 생각해본다면, 막강한 군대를 통솔하는 장수의 위세가 어떨까요? 임금과 고위 관리들을 불안하게 하지 않았을까요? 민심도 마찬가지고요. 임금의 의심을 풀고 백성들을 안심시키는 이 마지막 조치야말로 무장으로서 반드시 지켜야 할 의무 같은 것입니다.

問__ 그렇군요. 2,500여 년 전 한 무장의 절도와 리더십이 느껴지는 이야기였습니다.

答__ 법과 원칙을 지키면서 병사들을 자기 몸처럼 아끼고, 나라와 백성들이 불안해하지 않도록 깨끗하게 자신의 임무를 마무리한 사마양저의 늠름한 기품이 부럽습니다.

포숙의 양보로 재상이 된 관중

'관포지교'의 메시지

問＿＿ 세상이 어수선하고 인심도 각박한데 흐뭇한 이야기 하나 들었으면 좋겠습니다.

答＿＿ '경청'이니 '배려'니 하는 좋은 말이 많이 들립니다. 같거나 비슷한 이름의 책들도 많이 나왔고요. 이런 말들은 21세기를 사는 고귀한 가치관이자 세상을 바르게 그리고 따뜻하게 살기 위해 필요한 것들이지요. 하지만 현실은 이런 가치관과 거꾸로 가는 것 같아 안타깝습니다.

問＿＿ 그래서 시절이 더 우울해지는 것 같습니다. 경제 상황도 안 좋고 하니 사람들이 더 예민해지고 서로에게 눈을 흘기며 사는 것 같아요. 내 것을 또는 내 차례를 양보한다는 것은 엄두도 못 내는 것 같고 말이지요.

鎔___ 그래서 말이 나온 김에 '양보'에 관한 이야기를 해보고자 합니다. 『사기』는 참 묘한 책입니다. 앞서 이야기했듯 제왕들의 기록인 '본기'의 첫 권이 전설 속 다섯 제왕들의 기록인 〈오제본기〉인데, 내용의 핵심이 놀랍게도 '양보'입니다. 제왕 자리를 자식이 아닌 유능한 인재에게 양보한 이른바 '선양'에 대한 기록이지요. 요 임금이 아들에게 자리를 물려주지 않고 민간에서 덕망 높고 효성스러운 순을 발탁해 그 능력을 수년간 시험한 다음 자신의 자리를 물려주었고, 순 임금 역시 자기 아들이 아닌 치수사업에 큰 공을 세운 우에게 임금 자리를 물려준다는 내용입니다. 또 제후들에 대한 기록인 '세가'의 첫 권인 〈오태백세가〉에도 형제들끼리 왕위를 양보한 내용이 처음에 나옵니다. 중국 고대에 아직 야만의 땅이었던 강남의 오吳라는 곳으로 가서 나라를 세운 태백太伯은 주나라의 실질적인 창업자이자 뛰어난 인재였던 주문왕周文王에게 왕위가 돌아가게 하기 위해서 문왕의 아버지, 즉 자신의 동생인 계력季歷에게 왕위를 양보했습니다. 말하자면 동생의 아들, 즉 조카를 위해 자기에게 돌아올 왕 자리를 양보한 것이지요. 이 정도라면 우연의 일치이거니 할 수도 있는데요. 다양한 사람들의 기록이자 『사기』의 백미라 할 수 있는 '열전'의 첫 권인 〈백이열전〉도 백이伯夷와 숙제叔齊 두 형제가 고죽국의 군주 자리를 서로 양보하는 내용입니다. 이렇듯 사마천은 『사기』에서 사람들에 대한 기록인 '본기', '세가', '열전'의 첫 권을 모두 양보에 관한 이야기로 시작하고 있습니다. 사마천의 의도가 느껴지지 않나요?

問＿＿ 듣고 보니 그렇네요. 그렇다면 사마천은 왜 하고 많은 가치관 중에서 '양보'를 내세웠을까요?

答＿＿ 사마천은 인간으로서 할 수 있는 모든 행위 가운데 자기 것을 또는 자기에게 돌아올 것을 다른 사람에게 양보하는 일을 귀하게 본 것 같고요. 특히 정치에서 권력욕에 담담한 인물들을 동경한 것 같습니다.

問＿＿ 그렇다면 지금 들려줄 감동적인 양보 이야기의 주인공은 누구인가요?

答＿＿ '관포지교管鮑之交'라는 고사성어를 모르는 사람은 거의 없을 겁니다. 우정을 나타내는 고사성어들 가운데 가장 유명한 것이니까요. 여기서 '관포'란 관중管仲과 포숙鮑叔 두 사람의 이름 앞 글자를 따서 줄인 말입니다. 그러니까 글자 뜻풀이를 한다면 관중과 포숙의 우정 정도가 되겠습니다.

間___ 다들 친구 사이의 진한 우정 이야기로 알고 있는데 '양보'에 관한 내용도 나오는 모양이네요?

答___ '양보'가 이 이야기의 핵심입니다. 우정도 내용이 있어야 하지 않나요? 알맹이 없는 우정이 어디 있을까요? 어려울 때 돕는 우정, 슬픔과 기쁨을 함께 나누는 우정, 심지어 친구를 위해 목숨까지 버리는 우정도 있습니다. 이런 것들이 모두 우정의 내용 아니겠습니까. 이렇게 볼 때 '관포지교'의 내용, 즉 알맹이는 '양보'입니다.

間___ 역사적으로는 포숙보다는 관중이 훨씬 유명하지 않나요? 중국사를 통틀어 '명재상' 하면 관중을 첫 손가락에 꼽는 경우도 많던데요. 그렇다면 관중이 양보하는 쪽이었습니까?

答___ 반대입니다. 평생을 포숙이 양보하며 살았다고 해도 지나친 말이 아닐 정도입니다.

間___ 사람이 그러기 힘들지 않나요? 한두 번이면 몰라도 평생을 양보했다니…. 믿기지 않습니다.

答___ 이건 관중의 증언이기 때문에 믿어도 됩니다. 관중은 과거 포숙과의 우정을 회고하면서 이렇게 말했습니다.

"내가 예전에 곤궁할 때 포숙과 함께 장사를 한 적이 있는데, 이익을 나눌 때는 내가 더 많이 차지하곤 했다. 그런데도 포숙이 나를 탐욕스럽다고 여기지 않은 것은 내가 가난하다는 것을 알았기 때문이다."

"예전에 내가 포숙을 대신하여 어떤 일을 벌이다가 포숙을 더 곤궁에 처하게 했는데도 포숙은 나를 어리석다고 여기지 않고 시운이 나빴기 때문이라고 했다."

"또 내가 일찍이 세 번이나 벼슬길에 나갔다가 세 번 모두 군주에게 쫓겨났지만 포숙이 나를 못났다고 여기지 않고 내가 때를 만나지 못했기 때문이라고 했다."

"그리고 내가 세 번 전투에 나가 세 번 모두 도망쳤을 때도 포숙이 나를 겁쟁이라고 여기지 않은 것은 내게 늙으신 어머니가 있음을 알았기 때문이다."

뒤의 두 가지는 양보가 아니라 친구인 관중을 포숙이 잘 이해했다는 것으로 해석되지만, 앞의 두 가지는 분명 양보입니다. 포숙이 이렇게 평생을 자신에게 양보하고 자신을 잘 이해했기 때문에 관중은 마지막에 가서 "나를 낳아준 분은 부모지만 나를 알아준 사람은 포숙이다(생아자부모生我者父母, 지아자포자야知我者鮑子也)"라고 했지요. 그런데 가장 크고 중요한 양보는 따로 있습니다.

問___ 이 정도만으로도 정말 어려운 양보라 할 수 있는데, 또 있다는 말인가요?

答___ 그렇습니다. 나라의 운명을 좌우할 만큼 크고 중요했지요. '관포지교'의 백미는 바로 이 대목입니다. 두 사람은 오늘날 산동성의 동쪽, 즉 산동반도 쪽에 있었던 제나라 사람들이었습니다. 그런데 제나라 양공襄公 때 정변이 일어나 국군인 양공이 살해당했습니다. 당시 관중과 포숙은 양공의 각기 다른 동생들을 모시고 있었지요. 관중은 공자 규糾를, 포숙은 공자 소백小白을 보좌했습니다. 외국에서 망명 생활을 하던 두 공자는 양공이 죽자 귀국을 서둘렀습니다. 먼저 국군의 자리에 앉는 사람이 임자가 되는 상황이었기 때문이지요. 이때 규는 관중을 시켜 소백을 암살하게 합니다. 관중은 소백에게 활을 쏘았고, 천만다행으로 화살이 허리띠에 맞는 바람에 소백은 목숨을 건질 수 있었습니다. 관중은 소백을 암살하는 데 성공한 줄 알았고, 그 바람에 규 일행은 느긋하게 귀국하다가 소백에게 국군의 자리를 빼앗겼습니다. 소백이 바로 환공桓公입니다. 노나라의 도움을 받고 있던 규는 노나라 군대를 빌려 소백을 공격했지만 패했습니다. 전후 회담이 시작되었고, 소백은 노나라에 공자 규를 죽이고 관중은 제나라로 압송하라는 조건을 내걸었습니다. 패한 노나라로서는 조건을 들어주지 않을 수 없었고, 관중은 죄인을 싣는 수레에 실려 노나라 국경을 넘어 제나라로 들어왔지요.

間___ 당연히 관중을 죽였겠지요?

答___ 바로 그 대목에서 놀라운 일이 벌어집니다. 관중의 압송은 당시로서는 대단한 사건이었습니다. 포숙이나 관중 모두 당대의 명사들이었고, 사건의 중심은 단연 환공이 관중을 어떻게 처분할 것인가였습니다. 세간의 이목이 관중에게로 집중되었지요. 요즘 같았으면 생중계라도 했을 사건이었습니다. 관중이 탄 수레가 제나라 국경을 넘는 순간, 관중을 데려가려고 제나라 쪽에서 사람이 나왔습니다. 누군가 했더니 바로 포숙이었지요. 포숙은 얼른 관중을 죄수용 수레에서 내리게 한 후 자신이 준비해 온 편안한 수레에 모셨습니다. 지금으로 말하자면 최고급 승용차를 몰고 나와 관중을 모신셈이지요. 세상 사람들은 깜짝 놀랄 수밖에 없었어요. 환공이 관중을 어떤 식으로 처벌할 것인가를 놓고 숙덕거리던 차에 관중을 귀빈 모시듯 모셨으니 사람들은 경악할 수밖에요.

間___ 사실 관중은 환공에게 원수나 마찬가지 아닌가요? 아무리 대범한 지도자라 해도 어떻게 원수를 용서할 수가 있었을까요? 크게 아량을 베풀어 죽이지 않을 수는 있지만, 귀빈 대접까지 했다니 믿기지 않습니다.

答__ 더 놀라운 얘기는 따로 있습니다. 후대 사람들 대부분은 원수인 관중을 용서한 환공의 아량을 칭찬했지요. 틀린 평가는 아닙니다. 하지만 한 나라의 최고 지도자인 환공의 입장에서 당대의 최고 인재인 관중을 용서하고 그를 기용하는 일이 불가능한 것만은 아니었을 겁니다. 정권 초기 민심을 수습해야 하는 상황에서 원수인 관중을 용서하고 그를 기용한다는 것은 제나라 백성은 물론 주변 여러 나라에 대해서도 자신의 정치적 역량과 아량을 최대한 과시할 수 있는 둘도 없는 호재라 할 수 있지요. 모든 칭찬과 감탄이 환공에게 돌아갈 테니까요. 그런데 『사기』 등의 기록을 가만히 살펴보면 환공보다 더 고귀한 결정을 내린 인물은 포숙이라는 사실이 확인됩니다.

問__ 무슨 말인가요? 누가 뭐래도 환공의 결정이 아닙니까.

答__ 그렇긴 하지만 그 뒤에 포숙이 있었습니다. 환공을 설득한 사람이 바로 포숙이었지요. 포숙은 환공에게 제나라만 통치하려면 자신 정도로 충분하지만, 패자가 되려면 관중 없이는 안 된다고 설득했습니다. 그러면서 '따놓은 당상'이나 마찬가지인 재상 자리를 관중에게 양보했어요. 이건 정말 불가능에 가까운 양보가 아닐까요? 최고 공신으로서 재상 자리는 예약된 것이나 마찬가지였는데, 나라를 위해 자기보다 나은 능력을 가진 관중에게 양보한 거지요. 하지만 관중의 능력은 입증된 바 없었습니다. 사업도 실패했고 정쟁에서도 패배한 데다 전쟁에서는 도망을 쳤잖습니까. 하지만 포숙은 친구 관중의 잠재력과 그가 품고 있는 포부를 잘 알고 있었습니다. 그래서 자신의 자리까지 양보했지요. 진정한 용기이자 진짜 양보입니다. 결국 포숙의 양보로 관중은 재상이 되었고, 물고기가 물을 만난 듯 자신의 능력을 한껏 발휘해 제나라를 춘추시대 최고 강국으로 만들었습니다. 양보가 한 나라의 부국강병으로 연결된 역사적 사례입니다.

問__ 단순한 우정이 아니었군요. 포숙의 양보가 제나라를 일대 강국으로 발전시켰다니 사리사욕에 눈이 먼 우리 정치가들이 본받아야 할 이야기입니다.

答__ 양보는 세상을 밝게 하고 인간의 가치를 존엄하게 만듭니다. 포숙의 양보 이야기가 던지는 깊은 울림입니다. "그래서 세상 사람들은 관중의 재능을 칭찬하기보다 사람을 잘 알아본 포숙을 더 칭찬했다." 사마천의 결론입니다.

야만의 기록

악법 이야기

問___ 이번에는 어떤 이야기인가요?

答___ 얼마 전까지 우리 사회에는 이른바 '악법'이라는 것이 남아 있었고, 아직도 그 잔재에서 완전히 벗어나지 못하고 있습니다.

問___ 연좌제와 관련한 법이나 국가보안법 그리고 동성동본 혼인금지법, 간통과 관련한 법, 여성차별법 등이 떠오릅니다.

答___ 옛날에는 더한 악법이 많았습니다. 악법 자체도 문제지만 법을 집행하는 사람들이 더 큰 문제입니다. 지금 우리 검찰과 사법부의 모습을 보십시오.

問＿＿ 정말 그렇습니다. 법 집행자의 자질과 바른 자세가 얼마나 중요한지를 실감하고 있습니다. 그런데 악법에는 신체에 가하는 육형도 포함되지 않을까요?

答＿＿ 그중에서도 가혹한 육형을 혹형이라 했는데 사마천이 억울하게 당했던 궁형은 10대 혹형 중에서도 가장 가혹한 것으로 꼽힙니다. 지금부터 옛날에는 어떤 악법이 백성들을 얼마나 괴롭혔는지 알아보고 그를 통해 법이 갖는 의미를 생각해볼까 합니다.

問＿＿ 신체에 가하는 잔인하고 비인간적인 육형 이야기부터 들어봤으면 합니다.

答＿＿ 너무 많기 때문에 다 소개할 수는 없고 잠깐 언급한 대로 10대 혹형에 대해 이야기하겠습니다.

　우선은 목숨을 앗아가는 사형이 있습니다. 사형에도 여러 가지가 있었는데 10대 혹형에는 처형한 다음 살가죽을 벗기는 '박피剝皮'라는 것이 있습니다. 나중에는 갈수록 잔인해져 산 채로 벗기는 경우가 많아졌습니다. 이 밖에 허리를 잘라 죽이는 '요참腰斬', 다섯 마리 말에 사지와 머리를 묶어 다섯 방향에서 당겨 몸통을 여섯 등분하는 '오마분시五馬分屍', 1,000번의 칼질을 해서 죽인다는 '능지凌遲', 목을 졸라 죽이는 '액수縊首', 산채로 파묻어 죽이는 '활매活埋'가 모두 혹형에 해당합니다. 이 밖에 손톱에 바늘을 꽂는 '삽침揷針', 무릎

아래 부분을 잘라내는 '월형刖刑' 또는 '빈형臏刑'과 큰 항아리에 넣고 불을 떼서 죽이는 '청군입옹請君入甕'과 같은 독특한 혹형도 있었습니다.

問＿＿ 듣기만 해도 끔찍합니다. 그 정도만으로도 진저리가 쳐지는데 더 많다니 정말 야만적이네요.

答＿＿ 우리도 불과 얼마 전까지 차마 말로 할 수 없는 끔찍한 사법 만행을 적잖이 저지르곤 했고, 지금도 그런 악습과 폐단을 검찰과 사법부 스스로가 청산하지 못하고 있어 국민의 지탄을 받고 있습니다. 청산당하는 수밖에 없습니다.

問＿＿ 악법 이야기를 좀 더 해봤으면 합니다.

答＿＿ 가장 대표적인 악법이 우리에게도 낯설지 않은 연좌법입니다. 한 사람이 죄를 지으면 직계가족은 물론 일가친척에게까지 불이익을 주는 악법입니다.

問＿＿ 연좌법은 이야기한 대로 우리 사회에도 꽤 오랫동안 남아서 많은 사람들에게 상처를 주었습니다. 또 다른 것들도 있나요?

答＿＿ 권력자를 비방하면 처벌하는 비방 금지법이라는 것이 있었는데, 심지어 속으로 권력자를 비방해도 처벌하는 '복비법腹誹法'까지 있었습니다. 마음에 안 들면 잡아들이기 위한 구실로 만든 법입니다. 한나라 개국공신 주발周勃의 아들로 건국 초기 '오초 7국의 난'을 평정하는 데 큰 공을 세운 주아부周亞夫의 자식들이 아버지 무덤에 넣을 부장품으로 무기 종류를 샀는데, 누군가 반역을 꾀하려 한다고 밀고했습니다. 주아부는 자신을 심문한 옥리에게 순장품을 가지고 어떻게 반란을 일으킨단 말이냐며 항변합니다. 옥리는 "살아서 반란을 일으키려 하지는 않았는지 모르겠으나 죽어 지하에 가서 반란하려 한 것 아니냐"며 다그쳤다고 합니다. 주아부는 결국 단식으로 맞서다 굶어 죽었습니다. 그런데 이보다 더한 악법이 있었습니다.

보기에 따라 평가가 다를 수도 있지만 진시황 때 나온 악법으로 '우어기시偶語棄市'라는 것이 있었습니다. 두 사람 이상 만나 이야기만 나누어도 저잣거리에서 목을 베는 악법이었습니다.

問__ 그런 악법이 결국은 '분서갱유'로 이어진 것 아닌가요?

答__ 그렇습니다. 그래서 사람들은 길에서 만나면 말이 아닌 눈짓으로 대화를 나누었다고 합니다. 진나라가 천하를 통일하고 10여 년 만에 망한 것은 백성들과 소통하려 하지 않고 이런 무자비한 악법을 만들어 무조건 억압하려 했기 때문이기도 합니다.

問___ 악법의 폐단을 지적하고 없애려는 노력은 하지 않았나요?

答___ 한나라의 세 번째 황제인 문제文帝는 악법들로 인한 피해와 폐단을 잘 알고 있었고, 그래서 육형(고문)을 비롯한 악법을 폐지하는 데 힘을 기울였습니다.

問___ 다른 사람도 아닌 지고무상至高無上 황제가 그런 노력을 했다니 귀한 사례군요.

答___ 그래서 명군으로 길이길이 높은 평가를 받고 있습니다.

問___ 악법을 폐지한 통치자 문제가 악법을 폐지하면서 남긴 말이나 글 같은 것은 없나요?

答___ 사마천은 고맙게도 문제가 악법을 폐지하면서 발표한 조서를 몇 개 기록해두었는데, 지금 보아도 가슴에 와닿는 대목이 적지 않습니다. 먼저 연좌제와 비방제 폐지에 따른 문제의 조서입니다.

> "법이란 다스림의 근거다. 포악한 짓을 하지 못하게 해 착한 쪽으로 이끄는 것이다. 죄를 지어 이미 벌을 받았는데 죄 없는 부모, 처자식, 형제까지 연좌시켜 벌을 주는 것에 나는 찬성할 수 없다."

> "법이 바르면 백성들이 충성을 다하고, 죄를 정당하게 처벌하면

백성들이 복종한다고 했다. 또 관리는 백성을 잘 다스려 착한 쪽으로 이끌어야 하거늘, 백성들을 바로 이끌지도 못하고 게다가 바르지 못한 법으로 죄를 다스린다면, 이는 백성들에게 해를 끼쳐 난폭한 짓을 하게 만드는 것이니 이렇게 해서 어떻게 나쁜 짓을 못 하게 하겠는가? 나는 연좌제 어디에 좋은 점이 있는지 모르겠으니 자세히 연구해보길 바란다."

"옛날 선왕들이 천하를 다스릴 때 조정에 올바른 진언을 위한 깃발, 즉 '진선지정進善之旌'과 비평을 위한 나무 팻말, 즉 '비방지목誹謗之木'을 만들어 다스림의 올바른 길을 소통시키고 직언하는 사람들이 나설 수 있게 했다. 그런데 지금 법을 보면 비방과 유언비어에 대한 처벌이 있는데, 이는 신하들로 하여금 마음에 있는 바를 다 쏟아내지 못하게 하는 것이며, 황제에게는 자신의 과실을 지적받을 기회를 없애는 것이다. 그러니 먼 곳의 유능한 인재들을 무슨 수로 오게 하겠는가? 이 죄목을 없애도록 하라!"

問__ 뭔가 속이 후련해지는 느낌입니다.

答__ 우리 정치가들이 귀담아 들어야 할 대목이 아닐 수 없습니다.

8

말의 위력

글과 인간의 관계

이사의 영욕

問___ 사마천의 『사기』에 대해 알면 알수록 『사기』의 모든 내용이 명문이 아닐까 하는 생각이 듭니다.

答___ 52만 6,500자 하나하나가 모두 심혈을 기울인 세상에 둘도 없는 명문입니다. 수없이 생각하고 생각해서 글로 만든 다음 다듬고 또 다듬었을 것입니다.

問___ 『사기』에서 심금을 울리거나 상대를 감동시킨 명문이 궁금합니다.

答___ 『사기』에는 명문과 명언의 보물창고라 할 정도로 많은 명문과 명언이 나옵니다. 그중에서 『사기』 권87 〈이사열전〉의 주인공 이사李斯라는 인물과 그가 남긴 것으로 알려진 '간축객서諫逐客書'라는 명문에 대해 이야기해보겠습니다.

問___ '간축객서'는 무슨 뜻인가요?

答___ '객을 내쫓으라는 명령에 대해 아뢰는 글'이라는 뜻입니다.

問___ 이사라면 진시황을 도와 천하를 통일하는 데 큰 공을 세운 인물 아닌가요? 또 진시황을 부추겨 '분서갱유焚書坑儒'라는 사상 언론 탄압을 자행하기도 했고요.

答___ 그렇습니다. 또 환관 조고趙高의 꼬임에 넘어가 진시황의 유서를 조작해 큰아들 부소扶蘇를 자살케 하고, 어리석은 작은아들 호해胡亥를 진시황의 후계자로 앉히는 이른바 '사구정변沙丘政變'의 주역 중 하나였지요. 진시황 때는 최초의 통일 제국이 나아가야 할 방향을 설정하는 데 큰 역할을 해 승상 자리에 오르는 등 승승장구했습니다. 그러나 영원히 부귀영화를 누리려는 탐욕 때문에 결국 정변에 가담하기까지 했던 야심 찬 인물이었고, 그 끝이 좋지 않았습니다.

問___ 이사의 야심이 어느 정도였는지 궁금하네요.

答__ 이사의 야심과 관련한 흥미로운 일화부터 소개하겠습니다. 사마천이 〈이사열전〉 첫 부분에서 삽화 형식을 빌려 소개하고 있는 이 일화는 이사의 일생이 어떠했으리라는 것을 함축하고 있어 여간 의미심장한 것이 아닙니다. 이사가 젊었을 때 군의 하급 관리 노릇을 한 적이 있습니다. 한번은 관청의 화장실에 갔다가 오물을 먹고 있던 쥐새끼가 화들짝 놀라며 두려운 표정을 짓는 모습을 보게 되었습니다. 그런데 창고에 사는 쥐새끼는 사람이나 개가 와도 놀라기는커녕 태연하게 곡식 따위를 먹더라는 것입니다. 이 대조적인 모습에 이사는 한숨을 내쉬며 "사람의 잘나고 못난 것도 쥐와 다를 바 없으니, 스스로 처한 위치에 달렸을 뿐이로구나!"라고 독백했다고 합니다.

問__ 출세해야 되겠다는 마음을 가진 것으로 보면 될까요?

答__ 높은 자리에 있는 사람은 여유 있고 느긋하게 사는 반면, 천한 자리에 있는 사람은 작은 일에도 늘 노심초사 허겁지겁 살 수밖에 없다고 생각한 것입니다.

問__ 이사에게는 큰 자극이 되었던 모양이네요.

答__ 어느 정도였느냐 하면, 이사가 순자荀子에게서 제왕의 통치술을 배운 다음 하직 인사를 하면서 "비천함보다 더 큰 부끄러움은 없고, 빈궁함보다 더 심한 슬픔은 없다"라고 말했습니다. 이사의 머리에는 출세해 높은 자리에 올라야만 모든 것을 할 수 있다는 생각으로 가득 차 있었습니다.

問__ 출세하겠다는 마음이야 나무랄 것 없지만 이사의 경우는 좀 심한 것 같습니다. 성격이 좀 비뚤어졌다고 할까요? 출세를 위해 수단과 방법을 가리지 않을 것 같달까요?

答__ 이사는 스승 순자의 곁을 떠나 당시 가장 강력한 나라였던 진나라로 가게 되는데요. 실세 여불위呂不韋의 가신으로 있으면서 진나라와 경쟁하고 있는 여러 나라에 대한 이간질이나 암살과 같은 계략으로 명성을 얻어 진나라 왕에게 접근해 객경客卿이 됩니다.

問__ 그 후로도 승승장구했겠군요? 그런데 객경이 무엇인가요?

答__ 말씀하신 대로 이사는 그 후로 출세 가도를 달렸습니다. 하지만 고비도 있었습니다. 그 고비에 나온 글이 바로 '간축객서'입니다. '객경'이란 '간축객서'에서 말하는 '객'인데, 쉽게 말해 외국 출신의 인재로 진나라에서 국정 자문 역할을 담당하는 벼슬을 받은 사람을 말합니다.

問__ 뜻밖이네요. 2,000여 년 전에 진나라가 외국 출신의 인재들을 기용했단 말인가요?

答__ 진나라만 그런 건 아니었습니다. 춘추전국시대에는 각국이 외국의 우수한 인재들을 거리낌 없이 채용해 재상 자리까지 주었습니다. 진나라가 다른 나라보다 한 세기가량 앞섰을 뿐이지요. 서방에 치우쳐 상대적으로 낙후되었던 진나라는 더 개방적일 수밖에 없었습니다. 어떤 면에서는 오늘날보다 더 개방적이었고, 아주 배타적인 우리 현실에 비추어 본다면 한참 앞서 있었다고도 할 수 있습니다.

問__ 그런데 왜 이런 객경들을 내쫓으려고 했을까요?

答__ 한韓나라 출신의 정국鄭國이라는 사람이 첩자로 밝혀지면서 진나라 왕족과 대신들이 객경을 축출해야 한다고 목소리를 높였습니다. 초나라 출신인 이사도 그 대상에 포함되어 있었고요.

問__ 그래서 그 글을 올려 명을 취소시키려 했나 보군요.

答__ 〈이사열전〉에는 이 간축객서의 전문이 남아 있는데, 생동감 넘치는 역사적 사례와 심금을 울리는 구절 때문에 명문으로 꼽힙니다.

이사는 먼저 진나라가 여기까지 발전할 수 있었던 원동력에 대해 말하는데요. 요즘 용어로 벤치마킹이나 아웃소싱 또는 글로벌 인재경영 덕분이라는 점을 진나라의 역대 명군들을 사례로 들며 하나하나 꼽습니다. 진나라 역사상 처음으로 외국 인재들을 대거 기용해 춘추오패의 한 사람이 되었던 목공穆公을 시작으로, 위나라 출신의 대개혁가 상앙商鞅을 기용해 진나라의 부국강병을 이룩한 효공孝公, 유세가 장의張儀를 기용해 영토를 넓힌 혜왕惠王 등 역사적 사실을 들면서, 이 지도자들이 외국 출신 인재를 허심탄회하게 기용하지 않았더라면 오늘의 강대국 진은 없었을 것이라고 단언합니다. 그리고는 이 주장을 보다 강화하기 위해 진나라 자국에서는 나지 않는 각종 문물들을 수입해 온갖 곳을 치장하면서, 정작 그보다 더 중요한 외국의 인재는 왜 내치려 하는지 따집니다. 외국에서 들여온 여색이나 음악, 장식품 따위는 소중히 여기면서 사람은 경시하는 것 아니냐는 것이지요. 그러면서 이사는 아주 유명한 명언을 남겼습니다.

"신이 듣건대 땅이 넓으면 곡식이 많이 나고, 나라가 크면 백성이 많으며, 병력이 강하면 병사는 용감해진다고 합니다. 태산이 그렇게 높은 것은 단 한 줌의 흙도 사양하지 않았기 때문이며, 강과 바다가 그렇게 깊은 것은 아무리 하찮은 물줄기라도 가려서 받지 않았기 때문입니다."

'태산이 그렇게 높은 것은 단 한 줌의 흙도 사양하지 않았기 때문이며, 강과 바다가 그렇게 깊은 것은 아무리 하찮은 물줄기라도 가려서 받지 않았기 때문입니다.' 한문으로 '태산불양토양泰山不讓土壤 고능성기대故能成其大, 하해불택세류河海不擇細流 고능취기심故能就其深'이라 합니다. 줄여서 '태산불양토양 하해불택세류'라고도 하는데, 서예를 하는 사람들이 즐겨 쓰는 문장이기도 합니다.

問___ 지금 우리 정치를 풍자하고 있는 것 같기도 합니다. 나라를 위해 정파와 지역을 초월해 제대로 된 인재를 두루 포용하지 못한 채 특정 지역에만 목을 매고 있는 정당이 특별히 새겨들어야 할 것 같습니다.

答___ 그렇게 볼 수도 있겠네요. 아무튼 이사는 이 글을 진시황(당시는 진왕)에게 올려 결국 명령을 취소시키게 했습니다.

問___ 글 하나가 잘못된 명령을 취소시켰군요. 글의 힘이네요. 이사는 이 글을 올리면서 직접 말로도 고하지 않았을까요?

答___ 『사기』의 문장을 보면 구어체에 가까운 것이 있는데요. 글을 올리면서 웅변을 토했을 것 같다는 생각도 듭니다. 이사의 이 글은 힘차고 설득력이 넘칩니다. 이사의 '간축객서'는 천하통일을 눈앞에 둔 진나라가 유능한 인재인 외국 출신의 객경들을 내쫓으려는 잘못된 정책을 막았다는 점에서 큰 의미가 있습니다. 만약 기득권층의 이익을 위해 인재들을 내쳤더라면 천하통일이 불가능했을지도 모르지요.

問＿ 문장 한 편이 그런 의미를 갖는다니…, 이사는 재능이 많았나 봅니다.

答＿ 그렇습니다. 다만 '재승박덕才勝薄德'이라고, 젊은 날 일화가 보여주듯 그는 출세욕에 사로잡혀 헤어나지 못했다 결국은 자신과 집안을 망치고 말았습니다. 아들과 함께 저잣거리에서 허리를 잘리는 참형을 당했으니까요. 사마천도 이사가 출세욕에 눈이 멀어 공명정대한 정치에 힘을 쓰지 않았다고 지적합니다. 그렇지 않았더라면 주나라 건국 초기, 나라의 기반을 반석에 올려놓는 데 결정적인 역할을 한 주공周公이나 소공召公 같은, 만세토록 추앙받는 대 정치가가 되었을 것이라며 안타까워했고요.

問＿ 열전 첫 부분에 처지가 다른 두 쥐의 이야기를 안배한 사마천의 의도가 기가 막히네요. 이사의 출세와 그 최후까지의 복선을 깐 것이 아닌가요?

答＿ 이런 점들이 『사기』가 가진 매력입니다. 아무튼 천하의 명문을 쓴 이사를 통해 우리는 그 사람의 글과 말이 꼭 그 사람을 대변하

는 것은 아니라는 점을 깊이 생각해보게 됩니다. 언행이 일치하지

않는 사람이 너무 많으니까요.

오가는 말이 적절하면 다툼도 풀린다

〈골계열전〉의 미학

問__ 『사기』130권의 제목들을 죽 훑어보았습니다. 제목만 봐서는 알 수 없는 것도 있고, 제목 자체가 흥미로운 것도 있었습니다. 〈골계열전〉이라는 것이 있던데, '골계滑稽'라면 문학에서 말하는 '골계미'와 관련된 것인가요?

答__ 골계란 원래 말을 유창하게 잘한다는 뜻인데, 이것이 유머나 해학의 의미로까지 발전했고, 거기서 문학이나 예술 방면에서 말하는 '골계미'가 나왔습니다. '유머나 해학 그리고 익살 따위에서 느껴지는 미'를 말하지요. 골계극, 골계소설, 골계화도 있습니다.

사기, 정치와 권력을 말하다

問＿＿ 풍자소설이나 풍자극과 비슷한 개념인가요?

答＿＿ 풍자보다 익살이 더 들어간 것으로 보면 적절하지 않을까 합니다.

問＿＿ 〈골계열전〉까지 있다니 놀랍습니다. 그럼 유머, 풍자, 해학, 익살에 능했던 사람들의 이야기란 말인가요?

答＿＿ 세태나 권력에 대한 풍자가 주축을 이룬다고 보면 됩니다. 권력자들에게 유머와 풍자로 그들의 폐부를 찌른 수준 높은 코미디언 이야기 정도로 보면 될 듯합니다.

問＿＿ 세상사 살아가기 힘든데 그들의 유머와 풍자에서 웃음을 찾고 용기를 얻는 것도 괜찮겠네요.

答＿＿ 몇을 꼽자면, 전국시대 사람인 순우곤淳于髡과 서문표西門豹를 비롯하여, 춘추시대의 우맹優孟, 진나라의 우전優旃, 한나라 무제 때의 곽사인郭舍人, 동방삭東方朔, 동곽선생東郭先生, 왕선생까지 여덟 명인데요. 핵심은 순우곤, 우맹, 우전 세 사람입니다. 다른 사람들은 저소손褚少孫이라는 사람이 후대에 추가했습니다.

問＿＿ 동방삭이라는 이름은 귀에 익습니다. 혹시 '삼천갑자동방삭' 할 때 그 동방삭인가요?

答__ 바로 그 사람입니다. 훗날 도교의 신으로까지 추앙되고 장수 長壽의 대명사가 되었지요.

問__ 누구의 이야기부터 들어볼까요?

答__ 순우곤과 관련된 일화가 여러 개 나오니까 그부터 소개하겠습니다. 순우곤은 제나라의 대신이었는데 외교관 역할을 많이 한 것 같습니다. 당시에는 천시되던 데릴사위 출신으로 왕에게 의미심장한 수수께끼를 통해 충고하는 데 능숙했지요. 유머와 풍자는 기본이었고요.

순우곤이 위왕威王을 모실 때의 이야기입니다. 단신에 보잘것없는 외모였지만, 익살스럽고 말을 잘해 여러 차례 사신으로 파견되었습니다. 사신으로서 그는 아무리 강한 나라라도 쉽게 굽히지 않았고, 자기 나라를 욕되게 하는 행동 또한 하지 않았습니다. 위왕은 밤새워 술 마시기를 좋아하는 등 술과 놀이에 빠져 조정 기풍이 엉망이었고 나라 꼴이 말이 아니었습니다. 이에 순우곤은 평소 위왕이 수수께끼를 좋아한다는 사실을 떠올리며 왕을 찾아가 수수께끼를 냅니다. 이 수수께끼는 『사기』에 두 번을 비롯해 다른 문헌에도 나오는 걸로 봐서 오랫동안 유행했던 것 같습니다.

순우곤이 낸 수수께끼는 고사성어가 되어 지금까지 전해집니다. 바로 '불비불명不飛不鳴'입니다. 날지도 않고 울지도 않는다는 뜻인데, 새에 관한 수수께끼였지요. 순우곤은 위왕에게 "나라 안에 큰 새가 있어 대궐 뜰에 내려앉았는데, 어찌 된 일인지 이 새가 3년이 되도록 날지도 않고 울지 않습니다. 이 새가 어떤 새인지 아시겠습니까?"라는 수수께끼를 냈습니다. 3년 동안이나 나랏일은 돌보지 않고 술에 빠져 살고 있는 왕을 꼬집은 것이지요.

이는 오래전부터 유행하던 수수께끼로, 순우곤보다 훨씬 앞서 초나라 장왕莊王 때 오거伍擧라는 충신이 장왕 앞에서 낸 것과 똑같았습니다. 큰 새는 왕을 가리키고, 대궐 뜰에 앉았다는 것은 왕 자리에 올랐다는 의미이지요. 그런데 일은 하지 않고 놀고만 있으니 어찌 된 일이냐는 힐난이었습니다. 장왕은 오거의 수수께끼에 이렇게 답했습니다.

"이 새는 날지 않으면 모르겠으나 한번 날았다 하면 하늘까지 오르고, 울지 않으면 그만이나 한번 울었다 하면 세상 사람을 깜짝 놀라게 만들 새이다."

問＿ 수수께끼도 멋지고 대답도 멋집니다. 왕은 내심 큰 포부를 가졌던 모양이네요?

答＿ 장왕의 그 멋진 대답을 줄여서 '한번 울었다 하면 사람을 깜짝 놀라게 만든다'는 뜻의 '일명경인一鳴驚人'과 '한번 날았다 하면 하늘까지 오른다'는 뜻의 '일비충천一飛冲天'이라고 표현합니다. 순우곤과 위왕도 마찬가지인데요. 순우곤의 수수께끼는 두 가지로 풀이될 수 있습니다. 하나는 왕의 방탕한 생활에 대한 지적입니다. 3년 동안 놀았으니 이제 일을 하라는 식으로 말이지요. 그러나 왕의 대답을 가만히 음미해보면 또 다른 해석도 가능합니다. 왕은 3년 동안 마냥 먹고 마시며 방탕하게 지낸 것이 아니라, 조정의 분위기와 정치적 형세를 면밀히 살피고 있었던 것으로 보입니다. 그러던 차에 순우곤의 충고도 있다 보니 이제는 자신의 정치를 실행할 때가 되었다고 판단한 것이지요. 순우곤도 위왕의 이런 의도를 알고 이제 그만 떨쳐 일어날 때가 되지 않았느냐는 뜻에서 이 수수께끼를 낸 것이 아닐까요?

問__ 그것을 뒷받침할 만한 증거가 있나요?

答__ 순우곤의 충고를 들은 위왕은 바로 조정을 개혁하기 시작했습니다. 그 일환으로 위왕은 추기鄒忌라는 유능한 인재를 재상에 임명했습니다. 이 과정에서 순우곤은 위왕이 재상으로 임명한 추기에게 비유를 들어 다섯 가지 충고를 했는데요. 이 대목도 참 재미있습니다. 이 대목은 열전이 아닌 〈전경중완세가〉 편에 나옵니다.

순우곤: 제가 보니 말씀을 참 잘하시오. 제가 선생께 드릴 말씀이

있는데 한번 들어보시겠습니까?

추기: 삼가 가르침을 받들겠습니다.

순우곤: 신하된 사람이 군주에 대한 예의를 다하면 그 몸과 명예가 번창하겠지만 그렇지 않으면 모두 잃을 것입니다.

추기: 절대 그 말씀을 멀리하지 않겠습니다.

순우곤: 돼지기름을 가시나무에 발라서 바퀴 축에 칠하는 것은 바퀴가 잘 돌아가게 하려는 것인데, 바퀴 구멍을 각이 지게 뚫으면 기름을 발라도 잘 돌아가지 않지요.

추기: 측근들로 하여금 잘 받들도록 하겠습니다.

순우곤: 활을 만들 때 잘 마른 나무에 아교를 칠하는 것은 잘 들어맞게 하려는 것인데 공간이 비고 틈이 생기면 메울 수가 없지요.

추기: 제 스스로 백성들과 거리를 두지 않도록 하겠습니다.

순우곤: 늑대 가죽으로 만든 옷이 해어졌다고 누런 개가죽으로 기우면 안 되지요.

추기: 군자를 임명하고 잡소인배가 끼어들지 않도록 하겠습니다.

순우곤: 큰 수레라도 균형을 바로잡지 않으면 원래 실을 수 있는 무게만큼 못 싣고, 현악기도 음을 조율하지 않으면 5음을 제대로 낼 수 없지요.

추기: 법률을 잘 정비하고, 간사한 관리가 있는지 제대로 감독하겠습니다.

問＿＿ 모두가 정치에 관한 비유인데, 추기가 그 의미를 제대로 파악한 모양입니다.

答＿＿ 순우곤은 말을 마친 다음 급히 자리를 떠나면서 "내가 다섯 가지 비유를 들어 말했음에도 이 사람은 질문에 꼭 들어맞는 대답을 했습니다. 머지않아 큰 상을 받을 것입니다"라고 예상했고, 1년 뒤 추기는 '하비'라는 땅과 '성후'라는 작위를 받았습니다.

問＿＿ 선문답 같지만, 알아듣지도 못하는 허황된 비유가 아니라 모두 정치에 필요한 방법이나 원칙을 말하는 것 같습니다.

答＿＿ 사실 유머나 비유, 풍자와 해학이 통할 정도라면 매우 성숙한 사회겠지요. 정치에서도 마찬가지입니다. 순우곤의 충고를 받아들인 위왕은 그 후 제나라를 36년 동안 아무도 넘보지 못하게 키웠습니다. 수준 높은 유머의 힘이지요.

問＿＿ 사마천이 〈골계열전〉을 남긴 의도가 심상치 않은데요. 그는 뭐라고 했나요?

答＿＿ 사마천은 〈골계열전〉 첫머리에서 유가 경전들의 작용을 공자의 말을 빌려 소개한 다음, 이렇게 크고 넓은 우주에서 그렇게 딱딱하고 근엄한 잣대로 삶을 재단해서야 무슨 재미로 살겠느냐는 취지의 말을 하며, "웃으면서 나누는 이야기 속에도 절묘한 이치가 함축

되어 있어 어려운 문제와 다툼을 해결할 수 있다(담언미중談言微中, 역가이해분亦可以解紛)"고 했습니다. 정색을 하지 않고 유머를 통해 고차원적으로 문제를 해결할 수 있다는 말입니다.

問__ 순우곤 이야기를 하나 더 들어볼까요?

答__ 이번에는 순우곤이 외교 사절로 나갔을 때의 일화입니다. 왕이 순우곤에게 고니 한 마리를 주면서 초나라에 갖다 바치게 했습니다. 초나라는 당시 강대국이었는데요. 고니를 새장에 넣고 장도에 오른 순우곤은 가다가 무슨 생각이 들었는지 고니를 새장에서 꺼내 날려버렸습니다. 그러고는 빈 새장만 들고 초나라 왕을 만났습니다. 순우곤은 빈 새장만 들고 온 이유를 해명해야 했을 것입니다. 왕이 예물로 보낸 새를 잃어버렸으니 보통 일이 아니었겠지요?

먼저 순우곤은 "물 위를 지나는데 새가 하도 목말라하는 것 같아 꺼내 물을 마시게 해주었더니 그냥 날아가버렸습니다"라면서 빈 새장만 들고 온 경위를 설명했습니다. 그리고 이어지는 해명이 기가 막힙니다. 먼저 순우곤은 왕이 예물로 드리라고 한 새를 잃었으니 큰일이다 싶어 배를 찌르고 목을 매어 죽을까 생각했지만, 우리 왕이 변변찮은 새 한 마리 때문에 신하의 목숨을 끊게 했다는 숙덕거림이 두려워 그만두었다고 했지요. 그래서 같은 놈을 한 마리 사서 바꿔치기를 할까 생각도 해보았으나, 이는 왕을 속이는 신의 없는 행동이라 그만두었으며, 아예 다른 나라로 도망칠까도 생각했지만, 잘못하면 두 나라의 외교가 단절될까 걱정이 되어 그것도 하지 못하고, 이렇게 솔직하게 자백하고 왕께 죄를 받으려 한다고 했습니다. 초나라 왕은 제나라에 이렇게 훌륭한 인재가 있었느냐며 감탄하고는 고니 값보다 몇 배나 더 나가는 예물을 내렸습니다.

問___ 순우곤은 왜 고니를 날려 보냈을까요? 초나라 왕이 단단히 화가 나서 순우곤을 처벌하거나, 그것의 꼬투리를 잡아 두 나라의 외교 관계를 단절하면 어쩌려고요?

答___ 이 대목은 순우곤의 말솜씨에 초점을 맞추고 있기 때문에 내막을 짐작하기는 어렵습니다. 다만 이것을 기회로 삼아 초나라 왕 앞에서 자신의 능력을 보여줌으로써 초나라가 제나라를 깔보지 못하게 하려던 것이 아닐까 하는 추측은 해볼 수 있겠습니다.

問___ 다음으로 소개할 코미디언이 있을까요?

答___ 이번에는 진짜 코미디언을 소개하겠습니다. 진나라의 노래하고 춤추는 연예인이었던 우전이라는 사람인데요. 이 인물은 키가 작은 난쟁이였습니다. 직업으로나 외모로나 사람들에게 멸시당하기 십상이었지만, 이치에 맞는 우스운 이야기를 잘했습니다. 특히 진시황 앞에서 당당하게 유머를 통한 충고를 서슴지 않았던 특별한 존재였습니다.

間___ 진시황이라면 독재자의 전형으로 알려져 있는데, 연예인에게
충고를 들었다니 의외입니다. 충고를 듣고 받아들였나요?

答___ 그렇습니다. 〈골계열전〉에는 우전에 관한 이야기가 세 개 나
오는데, 두 이야기에서 진시황이 우전의 충고를 알아듣거나 받아들
인 것으로 나옵니다. 진시황의 또 다른 면모를 볼 수 있지요.

먼저 비를 맞으며 진시황의 술자리를 경호하던 군사들을 쉬게 한
일화가 있습니다. 진시황이 술자리를 베풀었는데 공교롭게 비가 내
렸습니다. 경호 군사들은 비를 맞으며 추위에 떨었습니다. 이 모습
을 본 우전은 경호원들이 불쌍해서 이들에게 쉬고 싶으냐고 물었지
요. 병사들은 당연히 쉬고 싶다고 했습니다. 그러자 우전은 병사들
에게 "내가 너희들을 부르면 지체 없이 '예' 하고 대답해라"고 일렀
습니다. 얼마 뒤 어전 위에서 황제의 장수를 비는 만세 소리가 들려
왔습니다. 그 소리가 끝나기 무섭게 우전이 난간에 몸을 기댄 채 큰
소리로 "경호 병사들아!"라고 불렀어요. 병사들은 일제히 "예" 하
고 대답했지요. 그러자 우전은 "덩치 큰 너희들은 무슨 덕을 보려고
그렇게 비를 맞고 있느냐? 나는 보잘것없는 난쟁이에 지나지 않지
만 이렇게 편히 쉬고 있지 않니?"라고 했습니다. 이 말을 들은 진시
황은 경호하는 병사들을 반으로 나누어 교대로 쉬게 해주었습니다.

이런 일도 있었습니다. 진시황이 화가의 동물원과 식물원을 크게 넓히려고 했습니다. 그러자 우전이 이렇게 빈정거렸지요.

"잘하셨습니다. 이제 금수들을 그 안에 잔뜩 풀어서 도적이 동쪽에서 쳐들어오면 고라니와 사슴으로 하여금 뿔로 막게 하시면 될 겁니다."

問＿＿ 그래서 어떻게 됐나요? 진시황이 그 일을 중단시켰나요?

答＿＿ 그렇습니다.

問＿＿ 진시황의 판단력이 흐려지지 않았다는 것을 보여주는 일화로 볼 수도 있겠네요.

答＿＿ 분서갱유와 같은 끔찍한 사상 언론의 탄압자이자 독재자로 알려져 있지만, 기록을 종합해보면 새로운 면모를 발견할 수 있습니다.

問＿＿ 풍자와 해학을 통해 자신의 생각을 윗사람에게 전달하는 방식이 참으로 재밌고도 용감해 보입니다.

答＿＿ 인간의 지혜는 자유로운 분위기에서 제 나름대로 성령을 펼치고 크게 빛을 내는 법입니다. 그런 유머가 통하는 세상과 분위기가 만들어지지 않는다면 아무리 수준 높은 유머를 구사할 수 있다 해도 무용지물이 아니겠는지요? 유머는 세상사 이치를 통찰한 다음에야 가능한 경지입니다. 그렇기 때문에 상대의 마음을 상하게 하지 않으면서 상대를 설득하거나 감동시킬 수 있습니다. 사마천은 〈골계열전〉을 지은 까닭에 대해 이렇게 말했습니다.

"세속에 흐르지 않고, 권력과 이익을 다투지도 않고, 위아래 아무런 막힘도 없었지만 누구에게도 해를 주지도 않았으니 이는 그들이 임기응변의 도를 제대로 운용했기 때문이다. 그래서 〈골계열전〉 제66을 짓는다."

지혜가 넘치는 언변의 매력

구시재상 안영

問___ 사마천이 『사기』에서 소개하고 있는 달변가의 이야기를 좀 들어보고 싶습니다.

答___ 우선 떠오르는 사람은 안자晏子로 높여 부르는 안영晏嬰입니다. 제나라 사람으로 우리가 이야기했던 '관포지교'의 명재상 관중과 쌍벽을 이루는 재상입니다. 사마천은 이 두 사람을 같은 열전에서 소개했습니다.

안자는 외교관으로 명성을 떨쳤고, 청렴결백했습니다. 제나라의 최고 리더, 당시에는 이들을 국군이라 불렀는데 이들을 세 명이나 섬겼고, 그중에서도 경공景公이라는 자를 48년 동안이나 보좌했습니다. 술과 놀이를 좋아한 경공에게 안자가 50년 가까이 이런저런 충고를 한 기록이 『안자춘추』라는 책으로 남아 있습니다. 참고로 관중도 환공을 약 40년 동안 섬겼습니다.

안자의 언변을 잘 보여주는 한 대목만 소개하겠습니다. 『사기』에는 없는 내용입니다. 경공이 말을 무척 좋아해 특별히 사육사를 지정해 그 말을 돌보게 했습니다. 그런데 말이 병에 걸려 죽었습니다. 화가 난 경공은 불문곡직하고 사육사를 잡아다 사지를 잘라 죽이라는 엄명을 내렸습니다. 그 당시 권력자들 대부분은 말을 중시했는데, 지금의 최고급 자동차와 같았습니다. 아무리 그렇다 해도 경공은 정도가 지나치긴 했지요. 망나니가 무시무시한 칼로 사육사의 사지를 절단하려고 하는 순간, 안자가 "요순시대에는 사람의 사지를 자를 때 어디부터 먼저 잘랐답니까?"라며 분위기를 어색하게 만들었습니다. 안자는 전설시대의 성군으로 꼽히는 요 임금과 순 임금을 일부러 거론해 경공을 심리적으로 압박했습니다. 아니나 다를까. 정신이 퍼뜩 든 경공은 형벌을 멈추게 하고, 일단 옥에 가둔 다음 절차를 밟아 사형시키도록 했습니다.

問＿ 경공은 자신이 내린 명령이 과하다는 것을 깨달은 거군요. 시간을 번 셈인데, 사육사는 결국 처형당했나요?

答＿ 결과가 그렇다면 그 자리에서 사지를 절단한 것과 다를 바가 없게 될 테지요. 이 사람을 살려내야 이야기도 되고, 안자의 언변도 감상할 수 있겠지요. 경공이 옥에 가둔 다음 절차를 밟아 죽이라는 명령을 내리자 안자가 다시 나서 "저 자가 무슨 죄를 짓고 죽는지 잘 모르는 것 같으니 제가 주군을 위해 저놈의 죄목을 꼽아보겠습니다. 그렇게 해서 죄라도 알게 한 다음 가두시지요"라고 말합니다.

問＿＿ 재상인 안자가 나서 죄목을 꼽겠다는데, 경공으로서는 마다할 이유가 없을 것 같습니다. 확실한 죄목이 나오면 처벌의 명분도 설 테고요.

答＿＿ 그렇습니다. 안자는 사육사의 죄명을 세 가지 꼽았는데 이 대목이 핵심입니다.

"너는 세 가지 죽을죄를 지었다. 첫째, 임금께서 말을 잘 기르라고 했는데 죽게 한 죄다. 둘째, 임금께서 가장 아끼는 말을 죽게 한 죄다. 셋째, 우리 임금께서 그까짓 말 한 마리 때문에 사람을 죽이려고 하신다. 백성들이 이 이야기를 들으면 우리 임금을 원망할 것이고, 제후들이 들으면 분명 우리나라를 깔볼 것이다. 네가 임금의 말을 죽게 하는 바람에 백성에게는 원한을 사고 이웃나라에게는 우리나라의 위세를 약하게 보이게 만들었으니 어찌 죽을죄가 아니겠느냐?"

問___ 속이 후련한 풍자이자 비유로군요. 듣는 사람도 크게 기분 나쁘지 않았을 것 같은데요?

答___ 안자의 언변이 갖는 매력이 바로 이런 데 있습니다. 안자가 살았던 시대는 몹시 혼란스러웠습니다. 정변이 계속되었고, 귀족 세력이 국가의 기강을 흔들어 늘 불안했습니다. 그런 상황에서 50년 넘게 제나라를 지탱한 대들보였습니다. 이렇게 불안한 시기를 잘 이끌면서 사직을 안정시키는 역할을 하는 재상을 옛날에는 '구시재상求時宰相'이라 불렀습니다. '한 시기를 구하는 재상'이라는 뜻입니다.

問___ 지금 우리에게 필요한 인물이 아닌가요?

答___ 그렇다고 할 수 있겠지요. 자리보전에만 급급해 숨죽인 채 밥만 축내는 재상이 아닌, 위기를 슬기롭게 헤쳐 나가면서 통치자에게 끊임없이 바른 소리를 할 수 있는 재상이 계속 나왔으면 합니다.

問___ 그렇다면 사마천은 그런 안자를 어떻게 평가했나요?

答___ 사마천의 마지막 논평도 가슴을 울립니다.

"만약 안자가 지금 살아 있다면 그를 위해 마부가 되어 채찍을 드는 일이라도 마다하지 않을 정도로 나는 안자를 흠모한다."

개혁은 필요성이 아니라 당위성

상앙과 개혁 대논쟁

問___ 『사기』에 나오는, 표현은 좀 그렇지만 '달변가'의 말을 듣고 있자니 지혜를 얻고, 말의 품격을 높이는 계기가 되는 것 같습니다.

答___ 안자를 통해서도 느꼈겠지만, 말은 그 사람의 인격을 대변합니다. 지금 우리 사회에서 말이 얼마나 천박하게 사용되고 있는가를 보면 낯이 뜨거워집니다. '언격이 인격입니다. 겉모습은 화려하고 그럴 듯한데 입을 여는 순간 실망감을 주는 사람들이 많습니다. 최고 학력의 지식인, 부와 권력을 자랑하는 정치가가 특히 그렇습니다. 정치가가 말이 거칠고 경박스러우면 상대를 설득할 수 없습니다. 상대를 설득하고 감동시키기 위한, 진심에서 우러나는 말을 구사하기 위한 공부를 하지 않고, 학벌과 돈, 그리고 머릿수로 밀어붙이는 나쁜 습관만 몸에 배어 있으니 결국은 백성들까지 무시하는 겁니다. 논리적으로 반박하면 한순간에 무너지는 지식수준도 문제겠지요. 그런 점에서 『사기』에 나오는 달변가들의 언어를 유심히 살펴볼 필요가 있습니다.

이번에는 상앙이라는 사람을 소개하겠습니다. 상앙은 전국시대 후진국이었던 진나라를 개혁시킨 인물로, 중국 역사상 최고의 개혁가입니다. 기원전 약 390년에 태어나 기원전 338년 쉰세 살에 죽었습니다. 중국뿐 아니라 세계 개혁사에서 상앙만큼 완벽에 가깝게 개혁에 성공한 경우는 없을 것입니다. 사마천은 〈상군열전〉에 상앙의 개혁 정치를 상세히 기록해두었고, 중국 역사에서 빠지지 않고 거론되는 유명한 인물입니다. 우리나라의 한 대기업에서 '처자식만 빼고 다 바꾸라'는 슬로건을 내건 적이 있었는데, 그 원조가 상앙일 겁니다.

問＿ 개혁가라면 그 말솜씨는 웅변가에 가깝지 않았을까요? 상대를 설득하는 능력도 갖추어야 했을 것이고, 또 개혁에는 늘 저항이 따르지 않나요?

答＿ 그렇습니다. 개혁의 역사는, 개혁에 저항하고 개혁을 방해하는 고난의 역사이기도 했습니다. 따라서 개혁에 대한 확고한 신념은 물론 개혁 이론으로 철저하게 무장해야 했습니다. 빈틈없는 논리로 상대를 설득하거나 압도해야 하기 때문입니다.

상앙은 사실 진나라 출신이 아닙니다. 전국시대 당시 소국인 위衛나라의 공자 출신으로 대국이었던 다른 위魏나라에 가서 벼슬을 구하다가 여의치 않자 진나라로 건너와 개혁 정치가로 성공하게 됩니다. 그래서 대만의 백양柏楊 선생은 『중국인사강』(국내 번역서 『백양 중국사』)이라는 책에서 '위나라가 버린 돌이 진나라의 반석이 되었다'는 말로 상앙의 삶을 간결하게 압축했습니다.

그러나 완벽한 개혁론으로 무장한 상앙의 개혁도 수구 기득권층의 강한 저항에 부딪칩니다. 상앙의 개혁을 후원한 군주는 효공孝公이었는데, 상앙을 미리 만나 그의 식견과 개혁 의지 등을 확인한 다음 고의적으로 기득권 세력과 논쟁을 붙였습니다. 상앙이 개혁론으로 이들을 충분히 압도할 것이라 확신했기 때문입니다. 이때의 이른바 '개혁 대논쟁'이 〈상군열전〉과 상앙이 남겼다고 전해지는 『상군서』라는 책에 남아 있습니다. 대논쟁에는 개혁파 측으로 상앙과 효공이, 반대파로는 감룡甘龍과 두지杜贄라는 대부가 참여했습니다.

효공: 지금 내가 법을 바꾸어 나라를 다스리고, 예의를 고쳐 백성을 교화하고 싶은데 세상 사람들이 나를 비판하지 않겠는가?
상앙: 행동을 머뭇거리면 끝을 못 보고, 일을 머뭇거리면 성공하

지 못한다고 합니다. 변법을 결심하셨다면 세상 사람의 왈가왈부는 걱정하지 마십시오. 차원 높은 행동은 늘 세상의 논란거리가 되며, 특별한 견해는 보통 사람의 비난을 받기 마련입니다. 속담에 이런 말이 있습니다. '어리석은 자는 일이 다 된 다음에도 그 일이 어떻게 성사되었는지 모르며, 지혜로운 사람은 일이 시작되기 전에 그 일을 통찰합니다(우자암어성사愚者闇於成事, 지자견어미맹知者見於未萌).' (…) 법이란 백성을 사랑하기 때문에 있는 것이고, 예란 일 처리를 편리하게 하려고 있는 것입니다. 그래서 성인은 나라를 부강하게 만들 수만 있다면 낡은 법도를 본받지 않고, 백성을 이롭게 할 수만 있다면 낡은 예법을 따르지 않습니다.

효공: 좋은 말이오.

감룡: 성인은 백성들의 성향을 바꾸지 않고 교화하며, 지혜로운 사람은 법을 바꾸지 않고 다스린다고 합니다. (…) 지금 변법을 하여 진나라의 옛 법도를 따르지 않고, 예법을 바꾸어 백성들을 교화하려 하신다면 세상 사람들이 주군을 비난하지 않을까 두렵습니다.

상앙: 저 사람의 말은 세속적입니다. 보통 사람들은 옛 습속에 젖어 살며, 학자들은 자기가 배운 바에 빠져 삽니다. 이 두 종류의 인간들은 그저 관직이나 누리고 작은 법이나 지키고 삽니다. 하·은·주 3대는 서로 다른 예법을 갖고도 각각 왕업을 이루었고, 춘추 5패도 각각 다른 법률 제도를 갖고 패업을 달성했습니다. 지혜로운 사

람이 법을 만들면 어리석은 사람은 그것에 통제를 당하고, 현명한 사람이 예법을 바꾸면 보통 사람은 그것에 구속받습니다. (…)

두지: 100배의 이익을 얻을 수 없으면 법을 바꾸지 않고, 10배의 효과를 볼 수 없으면 문물을 바꾸지 않는다고 합니다. 옛것을 본받으면 잘못이 없고, 옛 예법을 따르면 그릇되지 않는다고 들었습니다.

상앙: 옛날에는 다들 각자 다른 방법으로 교화했는데 대체 어느 시대를 본받으란 말입니까? 옛 제왕들이 다시 살아날 수 없는데 대체 어떤 예법을 따르란 말입니까? (…) 예법 제도는 시대 상황에 맞추어 결정해야 합니다. 법제와 명령은 제각기 시대의 필요에 따라야 합니다. (…) 그래서 신은 '세상을 다스리는 데 한 가지 길만 있는 것이 아니며, 나라에 유리하다면 옛것을 굳이 본받을 필요가 없다'고 말하는 것입니다. 은의 탕왕湯王이나 주의 무왕武王이 옛것을 본받아 천하를 얻고 왕업을 이룬 것이 아니잖습니까? 은의 주왕紂王과 하의 걸왕桀王이 예법을 바꾸어 망한 것도 아니잖습니까? (…)

효공: 좋소. 과인은 가난한 뒷골목에 괴이한 일이 많고 학문을 왜곡하는 사람들이 많다고 들었소. 어리석은 자들이 즐겁다고 여기는 일이 지혜로운 사람에겐 슬픔일 수 있소. 미친 자의 쾌락이 현자에겐 근심일 수 있고 말이오. 세상 사람들의 비난이 두려워 속박받는 경우가 많은데, 과인은 이제 다시는 머뭇거리지 않겠소.

問＿ 상앙의 개혁은 어떤 결과를 가져왔나요?

答＿ 훗날 진시황이 천하를 통일하게 되는 밑거름 대부분이 상앙의 개혁 정치로 마련되었다고 말할 수 있을 정도입니다. 그래서 어떤 사람은 상앙의 변법을 두고 '심장을 뛰게 하고 영혼을 울리는 마술'이었다고 표현하기도 했습니다.

問＿ 심장이 두근거리고 영혼이 감동받는 개혁을 경험하고 싶습니다.

答＿ 그런 날이 곧 오지 않을까요?

대세를 파악하는 안목

'천하삼분'의 저작권자 괴통

問＿＿ 『사기』에는 개인의 운명과 시대의 흐름을 바꾸는 역사적인 장면이 많다는 이야기를 들었습니다. 그중 일부는 소설로도 탄생했는데, 일본의 작가 시바 료타로司馬遼太郎가 남긴 『항우와 유방』은 『사기』의 명장면인 초한쟁패를 다룬 작품이라 알고 있습니다.

答＿＿ 초한쟁패는 사람들에게 가장 많은 영감을 준 역사적 사건일 것입니다. 시바 료타로의 『항우와 유방』뿐 아니라 중국 공산당의 대장정에도 큰 영감을 준 걸로 알고 있습니다. 시바 료타로라는 작가는 사마천을 너무나 존경한 나머지 성을 '사마'로 바꾼 사람입니다. '사마'를 일본어로 하면 시바가 됩니다. 그리고 료타로는 한자로

'요태랑遼太郎'인데, 자기 이름은 '타로'밖에 없습니다. 글자를 풀이한다면 '사마천을 따르기에 한참 부족한 타로'가 됩니다. '요' 자는 멀다는 뜻입니다.

間＿ 초한쟁패가 중국 공산당의 대장정에 영감을 주었다는 것은 무슨 말인가요?

答＿ 초한쟁패의 주역인 유방은 항우項羽와 천하를 놓고 다툴 당시 전력 면에서 절대 열세였습니다. 그것을 뒤집고 역전승했는데, 그 과정이 공산당의 마오쩌둥毛澤東이 절대 열세를 뒤엎고 국민당의 장제스를 대륙에서 내쫓은 것과 비슷했습니다. 당시 마오쩌둥이 구사한 전략 전술도 유방의 전략 전술과 많이 닮았습니다.

間＿ 초한쟁패에서 매력남을 꼽으라면 저는 명장 한신을 꼽고 싶습니다. 마지막에 '토사구팽'당한 비극적인 죽음도 매우 극적이고요.

答＿ '과하지욕'의 장면을 상상하노라면 한신이야말로 매력적인 사나이였습니다. 사마천은 이런 한신의 죽음을 매우 안타까워했습니다. 초한쟁패에는 워낙 많은 인물이 등장해서 감상하는 사람마다 호감도가 다를 것 같습니다.

초한쟁패 이야기가 나왔으니 관련 인물을 한 사람 소개할까 합니다. 역시 달변가입니다. 괴통蒯通이라는 인물인데, 한신 밑에서 자문

역할을 하던 책사策士, 또는 모사謀士였습니다. 한신에 관한 열전인
〈회음후열전〉에 그의 행적 일부가 소개되어 있을 뿐이지만 그 화려
한 언변만큼은 누구와 견주어도 손색이 없습니다.

　유방은 한신을 대장군에 임명해 수세에서 공세로 전환하기까지
지리멸렬 상태였습니다. 소하蕭何의 적극적인 추천으로 도망친 한
신을 다시 데려와 정식으로 대장군에 임명함으로써 숨어 있던 한신
의 능력이 발휘되기 시작합니다. 한신은 기원전 203년 지금의 산동
성 지역의 제나라를 평정해 힘의 균형을 이루는 데에 결정적인 역
할을 했고, 대세는 유방 쪽으로 기울기 시작했습니다. 이에 한신은
유방에게 사신을 보내 자신을 가왕, 즉 임시 왕으로 임명해줄 것을
요구합니다. 결정적 순간에 자기와 맞먹겠다는 한신의 요구에 유방
은 화가 났지만 장량과 진평陳平의 충고를 받아들여 한신을 가왕이
아닌 정식으로 제왕에 임명해 사기를 높여주고 적극적으로 항우 공
략에 나서게 합니다.

問＿　한신이 천하대세의 향방을 좌우하는 캐스팅보트를 쥐게 된
셈이군요.

答＿　정확하게 보았습니다. 다급해진 항우는 무섭武涉이라는 사람
을 보내 한신을 설득하게 합니다. 유방 밑에 있지 말고 천하를 삼분
해 독립하라고 권했지요. 한신은 일단 거절했습니다. 그런데 괴통

역시 천하대권의 향방이 한신에게 달렸음을 간파하고는 한신에게 천하삼분을 적극 권유합니다. 괴통의 언변은 바로 이 대목에서 빛을 발합니다.

間___ 유방에 의해 제나라 왕으로 봉해진 한신에게 유방을 배신하라고 한 것인데, 그게 어디 쉬운 일인가요? 그럴 것 같았으면 미리 독립했어야지요.

答___ 그렇습니다. 그러니 설득이 얼마나 어려웠겠습니까. 이 부분은 아주 유명한 장면으로 꼽히는데, 상대를 설득하는 일이 얼마나 어려우며, 괴통의 말솜씨가 얼마나 기가 막힌지 동시에 알게 하는 대목이기도 합니다.

間___ 천하대권의 향방이 걸린 순간에 천하삼분을 결정하지 못하는 주군을 설득하는 책사 괴통의 웅변을 들어보고 싶습니다.

答___ 이 대목은 대화체 문장으로 이루어져 생생한데 상대를 앞에 두고 하는 말이라 다소 깁니다. 앞의 상황은 이미 설명했으므로 괴통이 한신에게 독립해 천하를 삼분할 것을 강력하게 설득하는 대목만 축약해서 소개하겠습니다.

　　귀하냐 천하냐는 골상에 달려 있고, 걱정거리냐 기쁜 일이냐는 얼

굴 모양과 표정에 달려 있으며, 성공과 실패는 결단에 달려 있다.(관상 이야기로 한신의 관심을 끎)

지금 항왕(항우)의 운명은 당신에게 달려 있다. 당신이 한을 편들면 한이 이길 것이고, 초를 편들면 초가 이길 것이다.(한신의 중요한 위치 강조)

하늘이 주는 것을 받지 않으면 도리어 벌을 받고, 때가 왔을 때 결행하지 않으면 도리어 그 재앙을 받는다.(결단 촉구)

(한신이 머뭇거리자, 괴통은 토사구팽을 언급하면서 한신을 압박하며)

용기와 지략이 군주를 떨게 하는 자는 몸이 위태롭고, 공로가 천하를 덮는 자는 상을 받지 못한다.(한신의 공로가 결국은 유방으로부터 견제를 받을 것이라는 말)

지혜는 일을 결단하는 힘이 되며, 의심은 일을 방해하는 장애가 된다. 자잘한 계획이나 세우고 있으면 천하대세는 잊게 된다. 지혜로 그것을 알고 있으면서 결단을 내려 감행하지 않는 것이 바로 모든 일의 화근이다. 맹호의 머뭇거림보다는 벌이나 전갈이 한 번 쏘는 것이 낫고, 달리지 못하는 준마보다는 노둔한 말의 한 걸음이 낫고, 용맹한 맹분의 주춤거림보다는 필부의 결행이 낫다. 공은 이루기 힘들고 실패하기는 쉬우며, 시기란 얻기 어렵고 잃기는 쉽다.(강력한 설득)

한신은 끝내 괴통의 권유를 받아들이지 않았고, 결과는 잘 알다시피 '토사구팽'당했습니다. 괴통은 한신이 자신의 말을 듣지 않자 미친 척하며 무당이 되었다가 나중에 체포령에 따라 유방에게 붙잡혔습니다. 그리고 목숨이 달린 상황에서 또 한번 말솜씨를 발휘해서 살아납니다. 유방이 가마솥에 넣고 삶아 죽이라고 하자, 괴통은 억울하다고 항변했습니다. 그러자 유방은 한신에게 모반을 부추겨 놓고 뭐가 원통하냐고 반문합니다. 괴통은 이 대목에서 '사슴을 쫓는다'는 뜻의 '축록逐鹿'이라는 유명한 표현을 구사합니다. '세상이 혼란해지자 군웅들이 너 나 할 것 없이 일어나 사슴, 즉 대권을 쫓았다. 한신도 그중 한 사람이었고 나는 한신을 주군으로 모시는 모사로서 당연히 그에게 충성을 다했을 뿐이다. 당신 논리대로라면 당신과 다른 주군을 모신 사람은 다 죽여야 한다는 것 아니냐'는 식으로 유방에게 대들다시피 해서 결국 목숨을 건집니다.

問＿＿ 괴통은 적어도 자기 한 목숨 지켜낼 만한 언변은 갖추고 있었군요.

答＿＿ 그 정도는 되어야지 말을 잘한다고 할 수 있지 않을까요? 한신의 우유부단함 때문에 출세하지는 못했지만, 괴통의 형세 판단만큼은 옳았습니다. 한신은 죽으면서 그때 괴통의 말을 들을 걸 하면서 후회했다고 합니다.

問__ 모사 괴통은 단순히 말솜씨만 뛰어났던 것이 아니라 대세를 통찰할 줄 알았던 인물이 아닌가, 하는 생각도 듭니다.

答__ 그렇습니다. 괴통의 책략을 보면 훗날 제갈량諸葛亮 못지않게 뛰어났지만, 한신의 드라마와 같은 일생에 가려져 빛을 보지 못했습니다. 특히, 괴통이 한신에게 제안했던 '천하삼분지계天下三分之計'는 제갈량이 그대로 차용했지요. 항우와 유방이 치열하게 천하를 다투던 당시를 우리는 흔히 '초한쟁패'라 하고 그것을 소설화한 것이 『초한지』입니다. 이들의 대결이 절정으로 치닫고 있을 때 한신은 이 둘 사이에서 캐스팅보트 역할을 하게 되었습니다. 한신이 누구 편을 드느냐에 따라 천하 정세가 달라질 판이었지요. 저울을 기울게 할 저울추와 같은 존재가 되었습니다.

당초 한신은 항우 밑에 있으면서 몇 차례 자신의 생각을 건의했지만 묵살당해 유방 쪽으로 귀순했습니다. 하지만 유방도 한신에게 주목하지 못했습니다. 한 차례 죽을 고비까지 넘긴 한신은 야밤에 도망칩니다. 한신의 그릇을 진작부터 알고 있었던 소하는 밤새 한신의 뒤를 쫓아 그를 설득해서 다시 데려온 다음, 유방에게 강력하게 추천해 한신을 대장군으로 삼게 했습니다. 이 사건이 '소하가 한신을 뒤쫓다'라는 의미의 고사 '소하추한신蕭何追韓信'의 배경입니다. 또는 '달빛을 받으며 한신을 뒤쫓았다'고 해서 '월하추한신月下追韓信'이라고도 합니다.

問__ 유방에 의해 대장군으로 임명되었으면 그만이지 왜 한신의 거취 이야기가 나왔나요?

答__ 한신의 위상이 그만큼 커졌기 때문입니다. 한신은 대장군이 된 이후로 승승장구하며 자신의 세력을 키워갑니다. 하지만 유방이 이를 그냥 놔두지 않았습니다. 한신이 잘 훈련시켜 정예군으로 만들어놓으면 냉큼 자신이 거두어 가고 다시 군대를 조직하게 하는 등 계속 한신을 견제했습니다. 그렇게 두 사람의 사이가 긴장관계에 돌입하고, 이런 상황 변화를 주시하고 있던 괴통이라는 책사가 적극적으로 한신에게 독립할 것을 권유했습니다.

問__ 그러면서 '천하삼분'을 내세웠군요?

答__ 〈회음후열전〉에는 천하를 셋으로 나누어 왕이 되라는 괴통의 말이 나옵니다. '천하삼분지계'의 원본인 셈입니다. 『사기』 전체를 통틀어 한 사람의 입에서 이렇게 많은 명언을 쏟아내기로는 괴통이 유일할 겁니다.

한신은 특히 "용기와 지략이 군주를 떨게 할 정도로 큰 자는 그 몸이 위태롭고, 공이 천하를 덮는 자는 상을 받지 못한다고 한다"는 괴통의 말에 귀를 기울여야 했습니다. 대개는 줄여서 '공고진주功高震主'라 하는데 '그 공이 주군을 떨게 한다'는 뜻입니다. 권력자들이 대개 그렇듯이, 자기보다 뛰어난 부하에 대해서는 끊임없이 경계하고 견제한다는 것을 말이지요.

난세에는 세상 돌아가는 정세를 살펴 과감하게 결단을 내려야 할 때와 몸을 움츠려야 할 때를 잘 선택하는 지혜가 요구됩니다. 현재는 정보와 지식이 개방돼 권력자나 책사뿐 아니라 모두가 이런 지혜를 갖출 수 있는 시대입니다.

눌변의 미학

왕조의 위기를 해결한 말더듬이 주창

問___ 말 잘하는 사람들의 이야기를 들어보았는데요. 말이라는 것
이 참 묘합니다. 그 사람의 인품을 반영하기도 하고, 기질이나 성격
을 나타내기도 하는 것 아닌가요?

答___ 물론입니다. 나아가서는 그 사람의 내면 깊은 곳에 숨어 있는
잠재의식까지도 드러냅니다. 심리학이나 정신분석학에서도 언어
가 큰 비중을 차지하고 있듯이, 말을 통해 심리와 정신까지 분석하
고 있습니다.

問___ 『사기』는 어떤가요? 역사책인데도 구어체가 상당히 많다고

들었는데요?

答___『사기』는 당시로서는 문체의 혁명이었습니다. 현장감이 넘치는 대화체와 은유와 비유 그리고 항간에 떠도는 속담 등을 역사서에 과감하게 반영했습니다. 단 한마디로 특정 인물의 성격이나 기질이 잘 드러나는 대목이 적지 않습니다. 심지어 같은 상황을 놓고 다른 두 사람이 보인 반응을 통해 두 사람의 미래를 암시하는 절묘한 장면도 있습니다. 항우와 유방에 대한 기록인 〈항우본기〉와 〈고조본기〉에 보면 두 사람이 진시황의 행차를 구경하고 보인 반응이 짤막하게 기록되어 있습니다. 거의 매년 지방을 순시했던 진시황의 행차는 거창했습니다. 화려한 의장대와 엄청난 수행 인원을 비롯해 진시황이 탄 호화롭기 그지없는 마차는 그 자체로 볼거리였습니다. 진시황의 행차를 보고 항우는 "내가 저놈의 자리를 차지하고 말 테다!"라고 반응했고, 유방은 "와, 사내대장부라면 저 정도는 돼야지!"라는 반응을 보였습니다.

問___ 두 사람의 성격 차이를 어렴풋이 알겠습니다. 하지만 그 말에 미래가 암시되어 있다는 것은 무슨 뜻인가요?

答___ 사마천은 이 두 사람의 반응에서 각자의 운명을 예감한 것 같습니다. 오만한 성격의 항우와 현상을 있는 그대로 받아들이는 유방의 성격 차이를 이 두 마디로 보여줌으로써 앞으로 두 사람의 운명이 어떤 방향으로 전개될지 짐작할 수 있게 한 것입니다.

말더듬이가 한 나라의 운명을 바꾼 경우도 있습니다. 천하를 재통일한 한고조 유방이 나이가 들면서 조강지처인 여태후를 멀리하고 젊은 첩인 척희戚姬를 총애했습니다. 척희만 예뻐했으면 괜찮았을 텐데 그녀가 낳은 어린 아들 여의如意까지 애지중지하고, 나아가서는 태자를 폐하고 어린 여의를 태자로 삼으려는 마음까지 먹었습니다. 중국사에는 이런 일들이 적지 않았습니다. 이 문제를 해결하지 못하면 전쟁이 일어나고 심해지면 반란까지 터져 나라가 쑥대밭이 되곤 했습니다. 이런 현상을 정식 왕위 계승자인 적장자의 위치를 빼앗는다 해서 '탈적脫嫡'이라 부르는데, 이런 일이 터지면 정권이 '병목위기'에 봉착하게 됩니다.

여태후는 남편인 유방은 물론 공신들과 동고동락한 동지 관계였기 때문에 파장이 만만치 않았습니다. 그래서 공신들 대부분이 반대하고 나섭니다. 하지만 유방의 마음은 움직일 기미가 보이지 않았습니다. 척희의 베갯머리송사가 대단했던 모양입니다. 공신들의 완강한 반대에 부딪친 유방은 그래도 미련을 버리지 못하고 강직하기로 이름난 주창周昌이라는 공신에게 의견을 물었습니다. 단단히 벼르고 있던 주창은 잔뜩 굳은 표정으로 나섰습니다. 조정의 분위기는 말 그대로 긴장 그 자체였습니다. 나라의 운명이 걸린 순간 아닙니까. 유방 앞으로 나선 주창, 뭐라고 말은 해야겠는데 말이 제대로 나오지 않았습니다. 너무 긴장한 탓인지 아니면 원래 말을 못하는 인물이었는지 기록에는 분명치 않습니다. 아무튼 이 중대한 순간에 그만 말을 더듬거리고 말았습니다. 요즘 식으로 한다면 "그… 그 거시기, 뭐… 뭐냐 하면 시, 신은 뭐, 뭐라 말씀드리기가 그, 그렇습니다만, 태, 태자를 폐하려는 며, 명령은 저, 절대 받들 어, 없습니다", 이렇게 더듬어버린 것입니다. 헌데 주창이 말을 더듬는 바람에 긴장된 분위기가 느슨해졌습니다. 유방도 어이가 없어 껄껄 웃었습니다. 그리고 태자 폐위 문제를 없었던 일로 하라고 마무리를 지었습니다.

問___ 말 좀 더듬었다고 그 중대한 문제가 그렇게 쉽게 해결되었단 말인가요?

答___ 그 장면을 돌이켜보겠습니다. 공신들이 다 반대하는 상황이었고, 유방은 어떤 형태로든 이 문제를 매듭짓고 싶었습니다. 그래서 강직한 주창에게 물었는데, 주창이 뜻밖에 말을 더듬어버렸으니 심각했던 문제가 한순간 초점이 흐려지면서 유야무야되어버린 것입니다. 태자 폐위는 애당초 무리라는 것을 다들 잘 알고 있지 않았을까요? 말도 안 되는 문제 때문에 조정이 발칵 뒤집히고 시끄러웠는데 주창이 말을 더듬어 모든 것이 해소된 것입니다. 유방도 주창이 더듬거리는 동안 짧지만 생각을 정리했고, 그래서 웃음으로 갈

등을 해소시켰습니다.

問___ 갈등과 모순을 이런 식으로 해소시킬 수도 있군요. 하긴, 우리도 보면 잔뜩 긴장해 있다가 누가 분위기를 바꾸는 말이나 행동을 하면 모두들 웃으며 갈등과 모순이 해소되는 경험을 종종 합니다. 그런데 『사기』에 주창 같은 사람이 또 있나요.

答___ 꽤 있습니다. 사마천은 말 잘하는 사람, 아니 말만 잘하는 사람에게 상당한 반감을 가졌던 것 같습니다. 소진이나 장의처럼 혀로 먹고사는 사람들을 '세상을 위험하게 만들 사람(경위지사傾危之士)'이라며 비판했습니다. 반면 말은 못했지만 성실하고 강직한 사람들을 좋아했습니다. 당대의 최고 문장가였던 사마상여司馬相如에 대해서 사마천은 "상여는 말은 어눌했으나 글은 잘 지었다"고 평한 다음 그의 문장을 여러 편 그의 열전에 인용하는 파격적인 대우를 했습니다. 사마천이 가장 존경하는 인물이었던 명장 이광에 대해서도 "내가 이 장군을 본 적이 있는데 성실하고 순박하기가 시골 사람 같았으며, 말도 잘하지 못했다"고 했습니다. 사마천이 19세 때 잠깐 만난 적이 있는 유협 곽해郭解에 대해서는 "천하 사람들은 잘났건 못났건, 그를 아는 사람이나 모르는 사람이나 모두 그의 명성을 흠모했다"고 칭찬했는데, 그런 곽해 역시 "얼굴은 보통이었고 말도 볼 것이 없었다"라고 전합니다. 이 밖에 말을 더듬은 인물로 소건,

아관 등이 있는데 관련 일화는 없습니다.

問___ 말이 전부는 아니지만 그 사람의 일면을 반영하는 것만은 틀림없는 것 같습니다. 말을 잘하고 못하고가 아니라 진실성의 문제입니다.

答___ 아무리 많이 배우고 말솜씨가 뛰어나도 진실성이 결여되어 있으면 더 큰 부작용과 역작용을 일으키기 마련이지요.

말은 마음의 소리

한장유의 말솜씨

問__ 정치판을 비롯해 고위 공직자들이 말 때문에 곤욕을 치르는 일이 많습니다. 말이라는 것이 어떤 속성을 가졌기에 사회적으로 큰 파장을 몰고 오는지 궁금합니다.

答__ 말 때문에 문제를 일으키고 곤욕을 치르는 것을 설화舌禍라고 합니다. 혀 때문에 화를 몰고 오고, 화를 당한다는 뜻입니다. 글 때문에 곤욕을 치르는 것은 필화筆禍라고 합니다. 요즘은 정치가와 공직자는 물론 지식인과 언론인의 설화와 필화가 비일비재합니다. 가짜 뉴스도 그 본질은 결국 말과 글로 빚어집니다. 인터넷 시대를 살아가면서 말과 글 조심은 더욱 중요한 화두가 되었습니다. 전례 없이 파급력이 커졌기 때문입니다. 앞으로는 책임 있는 사람의 말 한 마디가 전 지구적인 파급력을 갖지 않을까 합니다.

問__ 사마천은 말 잘하는 사람에게 그다지 호감을 갖지 않았다고 하셨죠.

答__ 그렇습니다. 사마천은 화려하고 번지르르한 말의 표면보다 말 속에 담긴 진실을 중시했습니다. '언위심성言爲心聲'이라는 표현이 이를 잘 나타낼 것 같습니다. '말은 마음의 소리'라는 뜻입니다.

말과 관련해 한나라 초기 때 언변言辯, 또는 구변口辯으로 큰일을 이룬 한장유韓長孺라는 인물을 소개하겠습니다. 기록에는 한안국韓安國으로도 나오는 평범한 관리였지만 결정적 상황에서 말솜씨를 발휘해 출세한 인물입니다. 한장유는 '오초 7국의 난' 때 양梁나라 효왕 밑에서 중대부 벼슬을 했습니다. 이때 한장유는 장우張羽와 함께 7국이 양나라의 방어선을 뚫지 못하게 막아 조정과 백성들을 보호했습니다. 이로써 한장유의 명성은 천하로 퍼져나갔습니다.

問__ 정권 초기 병목위기 상황에서 큰 공을 세웠군요? 지방 세력의 반란이 진압되었으니 지방의 권력은 크게 약화될 수밖에 없었겠습니다.

答__ 제후국들의 권력이 매우 약해졌습니다. 하지만 예외인 나라가 있었습니다. 난을 막는 데 큰 역할을 한 양나라는 오히려 힘이 세집니다. 양효왕과 황제인 경제는 친형제인 데다가 효왕에 대한 두태후의 애정이 보통이 아니었기 때문에 그 위세가 대단했습니다.

권력이 세진 효왕에게 붙어 아부하는 자들도 많아집니다. 효왕의 권세가 황제를 능가할 정도였다니까 말해서 뭐 하겠습니까. 권력자의 권세와 위력을 잘 보여주는 것이 권력자의 행차 때나 각종 행사 때의 모습입니다. 의장대의 규모라든가 수레의 수와 치장, 깃발 따위가 이를 보여줍니다. 양효왕의 행차 모습은 황제를 능가할 정도였다고 합니다. 경제는 어머니 두태후를 봐서라도 그냥 보아 넘겼지만 기분 좋을 리 만무했겠지요. 서서히 자신의 불쾌함을 드러냈고, 급기야 두태후가 견제하고 나섭니다. 두태후가 효왕이 조정으로 보낸 사신의 접견을 거부한 것이죠. 바로 이때 중앙 조정에 사신으로 파견된 사람이 한장유였습니다.

問＿＿ 한장유의 구변이 위력을 발휘하나 보네요.

答＿＿ 그렇습니다. 한장유는 황제나 태후를 접견할 수 없게 되자, 두태후가 가장 아끼는 장공주에게 접근해 돌파구의 매개체로 삼았습니다. 두태후의 딸이자 경제의 누나로 동생에게 미녀들을 바쳤던 황궁의 뚜쟁이 공주, 바로 그녀입니다. 장공주를 통해 한장유는 '오초 7국의 난' 때 누가 가장 큰 공을 세웠느냐며, 효왕의 공을 앞장세웠습니다. 다음으로 효왕과 태후 그리고 경제 사이의 친분 관계를 지적함으로써 피붙이의 정에 호소했습니다. 그러고는 황제와 같은 권세를 행사하고 다닌 것은 황제와 태후가 하사한 수레와 깃발을 통해 황제와 태후의 공덕을 자랑하기 위한 것이라 하여, 황제의 권위를 침범한 심각한 사건을 아주 사소한 문제로 바꾸어버렸습니다.

問___ 절묘하군요. 그 정도라면 태후와 황제의 마음이 풀리고도 남았겠습니다.

答___ 물론입니다. 이렇게 해서 한장유는 구변으로 출세의 가도를 달리게 되었습니다. 한장유의 말솜씨를 잘 보여주는 일화가 하나 더 있습니다. 한장유가 무슨 일로 옥에 갇히게 되었습니다. 이때 전갑田甲이라는 옥리가 장유에게 심하게 굴었습니다. 그러자 장유는 "꺼진 재가 다시 살아나지 말라는 법 있나(사회독불부연호死灰獨不復燃乎)"라며 나중에 보자는 식으로 옥리에게 말했습니다. 그러자 옥리도 이에 뒤질세라 "꺼진 재가 다시 살아나면 내가 오줌을 갈겨줄 테다(연즉닉지燃卽溺之)"라며 응수했습니다. 옥리의 응수가 떨어지기가 무섭게 장유는 사면령과 함께 요직으로 발령이 났습니다. 옥리는 보복이 두려워 도망쳤고, 한장유는 관직에 복귀하지 않으면 삼족을 멸하겠다고 으름장을 놓았습니다. 그리고 전갑이 복귀하자 어깨를 두드리며 더 잘 대우해주었습니다.

問__ 통이 큰 인물입니다. 옥리의 기백을 높이 평가한 모양입니다.

答__ 그렇습니다. 한장유는 원대한 책략을 품고 상황의 흐름을 잘 분별했다는 평가를 받습니다. 그런가 하면 청렴결백한 선비들을 적극 추천해 많은 인재를 조정으로 불러들이기도 했습니다. 사마천은 그런 그를 '장자長者'라고 평가했습니다.

問__ 말을 잘했다고 하니 그가 남긴 유명한 말이 있으면 하나만 소개해주기 바랍니다.

答__ 양효왕이 소인배들의 꼬임에 넘어가 자신의 봉지를 늘려달라고 떼를 쓰다가 그에 반대하는 조정 대신들을 암살하는 사건에 휘말렸습니다. 이는 반역에 해당하는 일이었습니다. 대신들을 암살한 주동자를 잡기 위해 조정에서 사람을 보냈지만, 효왕은 주동자들을 숨겨놓고 내주지 않았습니다. 이때 장유가 나서서 궁중에서 발생했던 골육 간의 비극적인 사례를 들어가며 효왕을 설득했습니다. 그러면서 다음과 같은 속담을 인용하며 아무리 친한 골육 간의 관계도 변할 수 있다고 지적했습니다.

"천하를 다스리는 데에서 사사로운 정 때문에 공적인 일을 절대 어지럽힐 수 없습니다. 속담에 '친아버지라 해서 호랑이로 변하지 말라는 법 없으며, 친형이라 해서 이리로 변하지 말라는 법 없다'고

했습니다."

間___ 권력 앞에서도 그렇고 공적인 일 앞에서는 그래야 하는 것 아
닌가요?

答___ 한장유가 그 점을 실감나게 지적했고 효왕은 눈물을 흘리며
그에게 감사했습니다. 이런 정치가가 그리운 요즘입니다. 다들 자
기 잇속만 계산하느라 정쟁을 위한 정쟁만을 일삼을 뿐, 국민을 위
한 진짜 정치는 팽개치고 있습니다.

옥의 흠은 갈아 없앨 수 있지만

뱉어낸 말의 책임

問__ 눈도 둘, 귀도 둘, 콧구멍도 둘이지만 입은 하나입니다. 그래서 한번 뱉으면 주워 담을 수도 만회할 수도 없는 것이 말이라고 하지 않나요?

答__ 예로부터 말조심에 관한 경구는 너무 많아 헤아릴 수 없을 정도입니다. 말조심과 관련한 명언 하나를 소개할까 합니다.

이 명언은 『시경』에 나온 것을 사마천이 〈진세가〉에 인용해서 더 유명해졌습니다. 먼저 그 배경을 보면 이렇습니다. 진나라는 지금의 산서성에 위치한 춘추시대 제후국이었는데, 헌공獻公 때 정치가 문란해져 헌공이 죽고 장례식장에서 대신들이 그 아들 혜제惠帝를 살해하는 쿠데타가 일어납니다. 이때 순식苟息이라는 충신은 혜제를 따라 죽겠다고 했지만 누군가 혜제의 동생 도자悼子를 옹립해 보좌하는 것이 낫지 않느냐고 충고했고, 이에 순식은 도자를 옹립하고 헌공의 장례를 마칩니다. 그런데 이극里克이라는 권신이 도자마저 살해합니다. 그러자 순식은 당초 말한 대로 도자를 따라 죽습니다. 이에 뜻있는 사람들이 『시경』의 구절을 인용해 이렇게 말했습니다. "백옥의 흠은 갈아서 덮을 수 있으나 잘못된 말은 어떻게 할 수가 없다(백규지점白圭之玷, 상가마야尙可磨也, 사언지점斯言之玷, 불가위야不可爲也)." 그러면서 순식은 자신의 말을 어기지 않았다고 칭찬했습니다.

問__ 그것 참, 기가 막힌 말입니다. 실언이나 나쁜 말을 해놓고, 그것을 덮으려고 계속 실언하거나 거짓말을 하는 것이 다반사 아닌가요?
答__ 그러게 말입니다. 옥에 티야 갈아서 없앨 수 있지만 말은 뱉은 순간 책임이 되어 돌아옵니다. 지위가 높을수록, 사회적으로 영향력이 큰 자리에 있는 사람일수록 책임은 더 커집니다.

問__ 그런데 현실은 그와 반대 아닌가요? 뱉어놓고 아니면 뜻이 와전되었다는 식으로 둘러대고 넘어가는 것이 보통이니까요.
答__ 말이 기록으로 남고, 영상으로도 남고, 특히 수많은 사람들의 기억에 새겨졌다가 언제든 소환될 수 있다는 사실을 대수롭지 않게 여기기 때문입니다. 입을 놀리지 말고 머리와 가슴을 써야 합니다.

問＿＿ 『사기』 속 명언을 감상하다 보니 무릎을 치게 되는데요. 폐부를 찌르는 기막힌 표현들이 아닐 수 없습니다.

答＿＿ 폐부肺腑라는 표현도 의미심장하지 않나요? 허파와 오장육부를 찌르니 얼마나 아플까요? 말의 위력입니다. 지금은 말들이 세상을 어지럽히고 있습니다. 이 시간만큼은 그렇게 되지 않도록 애를 써야겠습니다.

　다음으로 말의 중요성에 대한 명언을 좀 더 소개할까 합니다.

問＿＿ 계포라는 인물의 '일낙백금'이 생각납니다. '(계포의) 약속 한 번이 백금보다 귀하다'는 뜻으로 기억하는데요.

答＿＿ 자신이 한 말이나 약속은 반드시 지킨 계포의 감동적인 이야기였습니다.

問＿＿ 조금 성차별적인 냄새가 나긴 하지만 '남아일언중천금男兒一言重千金'이라는 말도 있지 않나요?

答＿＿ 그와 비슷한 의미로 '일언구정一言九鼎'이라는 표현도 나왔었죠. '말 한마디가 세발솥 아홉 개만큼 무겁다'는 뜻입니다.

問＿＿ 거짓말과 약속 깨기를 밥 먹듯이 하는 자들이 판을 치는 세상에서 이런 무거운 말들을 되새기고 있자니 속이 상합니다. 왠지 허망하다는 생각도 들고요.

答＿＿ 그렇다고 절망하거나 포기해서는 안 됩니다. 이런 말들이 있고, 그와 관련한 역사적 사실이 있기에 희망을 얻고 힘을 얻는 것 아닐까요.

9

성공의 법칙

그가 나서자 천하 정세가 바뀌었다

공자의 수제자 자공의 진면목

問___ 『사기』 열전을 보면 참으로 다양한 인물들이 나옵니다. 장사꾼들의 이야기도 있던데요. 〈화식열전〉 맞나요?

答___ 맞습니다. 〈화식열전〉 때문에 사마천은 후대 학자들에게 엄청난 비난을 받았습니다. 유교 정통주의에 매몰된 학자들은 돈과 장사를 천시했습니다. 그런데 역사책에 장사꾼들 이야기를 소개하면서 모두들 열심히 돈 벌어서 부자가 되라고 했으니 그들의 사고 수준으로는 이해할 수 없었지요.

問___ 지금 보면 당연한 것인데, 오랜 세월 부당하고 억울하게 욕을 먹었군요.

答__ 『사기』가 완성된 시점이 기원전 90년 전후입니다. 지금으로 부터 약 2,100년 전의 역사책인데, 정말 근대적인 의식을 보여주고 있지 않나요?

問__ 〈화식열전〉을 보면 공자의 제자인 자공子貢이라는 인물이 장 사꾼으로 나옵니다. 이것도 뜻밖이었습니다.

答__ 기록에 엄연히 남아 있음에도 주목하지 않았기 때문입니다. 사마천은 공자를 누구보다 존경했습니다. 공자의 고향인 산동성 곡 부를 탐방한 다음 '높은 산은 우러러보고, 큰 길은 따라 간다'는 『시 경』의 구절을 인용해 흠모의 정을 나타내기도 했습니다. 그래서 공 자가 제후의 반열에 오르지 못했음에도 제후들의 기록인 세가에 편 입시키는 파격을 감행했습니다. 그러면서도 공자의 제자인 자공에 대한 기록을 통해 공자가 천하에 명성을 떨치게 된 가장 중요한 배 경을 가감 없이 기록하고 있습니다.

問__ 공자의 명성에 공자의 학문과 인품 외의 다른 것이 작용했다 는 말인가요?

答__ 그렇습니다. 제자와 관련이 있고, 그중에서도 자공이라는 제 자와 깊은 관련이 있습니다.

問___ 자공은 어떤 사람이었나요? 인품이나 성격 등에 관해서도 알려주면 좋겠습니다.

答___ 『논어』에 보면 스승 공자와 제자 자공의 대화가 나옵니다. 한번은 공자가 "자공 너와 안회顔回 중 누가 더 낫다고 생각하느냐?"라고 묻자 자공은 "제가 어찌 감히 안회와 견주겠습니까? 안회는 하나를 들으면 열을 알고, 저는 하나를 들으면 둘을 간신히 알 정도입니다"라고 대답했습니다. 여기서 '문일지십聞一知十'이라는 고사성어가 나왔습니다. 안회는 공자가 가장 아끼던 수제자로 청빈하게 자신의 몸을 수양하면서 학문에 정진했지만 요절한 인물입니다. 이 대목은 자공의 자기평가인데 비교적 겸손한 편입니다. 다만 자공이 말재주가 뛰어나 공자가 늘 그것을 누르곤 했다고 사마천은 기록하고 있습니다. 또 사마천은 자공이 남의 장점을 드러내주는 것도 좋아했지만 남의 단점이나 잘못을 굳이 감추어주지도 않았다고 했습니다. 이는 스승 공자가 천하에 명성을 떨치게 한 것과도 관계가 있습니다. 전체적으로 보아 현실 감각이 뛰어나고 솔직담백한, 상당히 괜찮은 사람이었던 것 같습니다.

게다가 자공은 당시 각국을 돌며 외교관 역할도 마다하지 않았던 인물입니다. 언변이 뛰어나야 했고, 뛰어날 수밖에 없었습니다. 다만 스승인 공자는 제자에게 보다 엄격한 자질을 요구했습니다. 공자가 자공을 평가한 대목도 있습니다. 자공이 공자의 가르침을 받고 나서 "제가 어떤 사람입니까?"라며 자신에 대한 평가를 물었습니다. 그러자 공자는 "너는 그릇이니라"라고 대답했고, 자공이 다시 "어떤 그릇입니까?"라고 되묻자 공자는 "호련瑚璉이다"라고 했습니다. 호련은 종묘에 제사를 지낼 때 곡식을 담는 제사그릇으로, 없어서는 안 될 아주 귀한 그릇입니다. 자공의 언변 때문에 늘 걱정했던 공자이지만 자공의 자질만큼은 확실하게 인정한 것이지요.

외교가로서 자공을 묘사하자면, '화려하다'는 표현이 적절할 것 같습니다. 춘추 후기 오늘날 중국의 동부 해안 지역에 위치했던 나라들, 즉 산동반도의 제나라를 비롯해 그 남쪽으로 오나라, 다시 그 남쪽의 월나라 그리고 지금의 산서성에 위치했던 진나라를 종횡으로 오가며 현란한 말솜씨로 각국 군주들의 마음을 사로잡았습니다. 자공은 조국인 노나라가 강대국 틈바구니에서 괴로움을 당하자, 각국 간의 역학 관계를 절묘하게 이용해 노나라를 존망의 위기에서 구해냈는데, 이 대목은 사마천의 평가를 듣는 쪽이 나을 것 같습니다.

"자공이 한번 나섬에 노나라를 존속시키고 제나라를 혼란에 빠뜨렸으며, 오나라는 망하고 진나라는 강국이 되었으며, 월나라는 패자가 되었다. 요컨대 자공이 한번 뛰어다니니 국제간의 형세에 균열이 생겨 10년 사이에 다섯 나라에 큰 변동이 생겼다."

이 정도 평가라면 외교가로서의 자공이 어느 정도였는지 충분히 짐작할 수 있겠지요. 훗날 등장하는 직업 유세가인 소진蘇秦이나 장의의 활약을 방불케 할 정도입니다.

게다가 사업가로서도 성공해서, 공자의 제자들에 관한 열전인 〈중니제자열전〉에 자공을 소개하면서 마지막에 "집 안에 천금을 쌓아두기도 했다"고 할 만큼 부유했습니다.

問＿＿ 자공 때문에 공자의 명성이 천하에 알려지게 되었다고 했는데 무슨 사연이라도 있었나요?

答＿＿ 자공에 대한 사마천의 관심은 각별했습니다. 〈중니제자열전〉에서 다른 제자의 몇 배에 해당하는 양을 할애해 상세히 행적을 기록했고, 그것도 모자라 〈화식열전〉에서도 사업가로서 자공의 행적을 짤막하게 별도로 기록하고 있습니다. 그런데 이 몇 줄 안 되는 기록에 의미심장한 내용이 담겨 있습니다.

"자공은 사두마차를 타고 비단 따위와 같은 선물을 들고 제후들을 방문했다. 그래서 그가 가는 곳마다 왕들은 저마다 뜰 양쪽으로 내려서서 자공과 대등한 예를 갖추었다. 공자의 명성이 천하에 고루 알려지게 된 것은 자공이 그를 앞뒤로 모시고 도왔기 때문이다. '세력을 얻으면 세상에 더욱 드러난다(득세이익창得勢而益彰)'는 말이 바로 이를 두고 한 말이 아닌가?"

間____ 결국 공자의 명성도 부유했던 자공이 모시고 다니면서 각국 군주들과의 만남을 주선함으로써 가능했다는 말 아닌가요?

答____ 정확하게 보셨습니다. 사실 자공 정도의 재력가가 중간에 없었다면, 군주들이 이름 없는 공자를 만나주었을까요? 사마천은 이 점을 정확하게 간파한 것입니다. 훗날 공자를 신격화한 고리타분한 유학자들의 틀에 박힌 평가와는 격을 달리하는 대목이 아닐 수 없습니다.

間____ 자공이 공자를 극진히 대우함으로써 얻은 반대급부는 없었을까요? 누가 뭐라 해도 자공은 사업가니까요.

答____ 자공은 공자의 명성을 높여주고 다시 그 명성을 자기 사업에 활용했을 겁니다. 학식이 뛰어난 스승 공자를 앞세워 각국을 방문해 귀빈 대접을 받음으로써 공자도 자공도 모두 득을 본 것이라고 봐야 할 것입니다. 요즘 식으로 말하자면 '윈윈 전략'입니다.

間____ 듣고 보니 자공이 공자를 자기 기업의 간판 모델로 삼은 것이 아닌가 하는 다소 방정맞은 생각도 듭니다.

答____ 그 견해에 전적으로 동의합니다. 약 2,500년 전의 자공은 스타로 성장할 가능성이 큰 인물을 도와 스타로 부각시키고 다시 그 인기 스타를 자기 기업의 모델로 내세워 기업의 신용도를 높인, 말하자면 기업 광고와 관련해 전략적인 마인드가 특출했던 사업가라 할 수 있습니다.

묻지도 따지지도 말라

목공의 인재 등용책

問___ 이번에는 어떤 이야기인가요?

答___ 옛날의 인재정책을 이야기할까 합니다.

問___ 인재가 나라의 흥망을 좌우한다고 하지 않았나요?

答___ 관련 대목을 다시 한번 떠올려보죠.

> "나라가 흥하려면 상서로운 조짐이 있기 마련이니 군자는 기용되
> 고 소인은 쫓겨난다. 나라가 망하려면 어진 이는 숨고 나라를 어지
> 럽히는 난신은 귀하신 몸이 된다. '나라의 안위는 정치에 달려 있고,

존망은 용인에 달려 있다(안위재출령安危在出令, 존망재소용存亡在所用)'
는 이 말이 정말 옳구나!"

"집안이 어려워지면 좋은 아내가 생각나고, 나라가 어지러워지면
좋은 재상이 생각난다(가빈즉사양처家貧則思良妻, 국난즉사양상國亂則思
良相)."

問__ 다시 들어도 정말 가슴을 울리는 명언입니다.
答__ 어쩌면 이렇게 지금 우리 상황과 딱 맞아떨어지는지, 좋은 인
재를 구하기란 늘 힘든 모양입니다. 지금으로부터 약 2,600년 전
중국 서쪽 진秦나라에 목공繆公이라는 지도자가 있었습니다. 당시
진나라는 중원의 다른 나라들에 비해 한참 뒤떨어지고 뒤처져 있었
습니다.

問__ 이 진나라가 훗날 천하를 통일하는 그 진나라 맞나요? 그런
진나라가 다른 나라에 비해 후진국이었단 말인가요?
答__ 그렇습니다. 뒤떨어져도 많이 뒤떨어져 있었습니다.

問__ 정말이지 '영원한 강자 없고, 영원한 약자 없다(국무상강國無常
强, 무상약無常弱)'는 말이 실감납니다.

答__ 법가 사상을 집대성한 한비자韓非子가 했던 말이죠.

問__ 친구 이사李斯의 질투로 진나라 감옥에서 자살한 비운의 사상가 말이지요?

答__ 그렇습니다.

問__ 오래도록 강국으로 남기 위해서는 개혁이 필요하고, 개혁을 위해서는 좋은 인재가 필요하겠지요?

答__ 말할 필요조차 없지요. 낙후된 진나라가 강국으로 성장해 결국 천하를 통일한 비결은 철저한 개혁과 남보다 앞선 획기적인 인재정책입니다. 목공이 즉위할 무렵 진나라에는 인재랄 것도 없었습니다. 야심만만한 목공은 어떻게 하면 유능한 인재를 모셔올 수 있을까 고민을 거듭하다가 당시로서는 파격적인 원칙을 세웠습니다. 뛰어난 인재를 발탁하기 위한 목공의 파격적인 원칙, 이 원칙을 간명하게 표현하면 '사불문四不問' 원칙이라 할 수 있습니다. 네 가지를 묻지 않는다, 즉 네 가지를 따지지 않는다는 원칙인데요. 첫째, 신분이나 계급을 따지지 않는다, 둘째, 나이를 따지지 않는다, 셋째, 국적을 따지지 않는다, 넷째, 민족(종족)을 따지지 않는다, 이렇게 네 가지입니다.

問__ 이건 오늘날에도 제대로 실행하지 못하는 것 아닌가요? 그런 파격적인 인재 기용의 원칙이 2,600년 전에 나왔다니, 믿어지지 않습니다. 신분, 국적, 민족, 연령을 불문하고 인재라면 누구든 기용하겠다는 목공의 인재정책이 정말 놀랍습니다.

答__ 그래서 너무 귀중한 역사적 사실이 아닐까 싶습니다. 여기에 '남녀를 따지지 않는다'는 것까지 포함해 '오불문'이면 말 그대로 완벽했겠지요.

일전에 월드컵 감독을 지낸 어떤 분이 한국 축구는 외국 감독이 다 망아먹었다는 황당한 말씀을 하던데, 목공이 지하에서 그 소리를 들으면 비웃을 판입니다. 우리 사회 각계의 인재관이 얼마나 얄팍한지, 또 각 분야 리더들의 사고방식이 얼마나 편협한지를 잘 보여준 사례였습니다.

問__ 외국 인재들이 갖고 있는 장점을 충분히 살려 적용하면 될 터인데 말이지요.

答__ 벤치마킹이니 아웃소싱이니 하는 말들이 괜히 나온 것이 아닙니다. 지금 세상에 정말 필요하니까 나온 개념들이지요. 폐쇄적인 우리에게는 더욱더 필요합니다. 지난 정권 때를 돌이켜보죠. 사마천의 말대로 나라의 안정과 위기는 정치에 달려 있고, 존망은 사람 쓰는 용인에 달려 있음을 절감하지 않았나요? 이런 마당에 외국 감독이 한국 축구를 말아먹었느니 하는 얼토당토 않은 소리를 하고 있으니 참 씁쓸합니다.

問＿ 진나라의 인재정책이 결국은 천하통일의 원동력이 되었다는 것인데, 이와 관련해 더 실감나는 사례는 없을까요?

答＿ 놀라운 사실이 하나 더 있습니다. 진나라가 목공 이후 재상이라는 자리를 만든 후에 그 이름이 남은 재상이 약 25명인데, 그중 17명이 외국 출신이었습니다. 그뿐이 아닙니다. 나머지 8명 중 7명은 성명 미상이고, 진나라 출신으로 확실한 사람은 단 1명이었습니다.

問＿ 진나라의 재상은 외국 출신을 기용한다는 또 다른 원칙이 있었던 것은 아닌가요?

答＿ 그에 대한 기록은 없지만 위에서 말한 것만 가지고도 충분히 짐작해볼 수는 있지 않을까요?

問＿ 지금까지 진시황의 천하통일은 강력한 무력 때문이라고 생각했는데, 그 이면에는 이런 놀라운 인재정책이 있었군요.

答＿ 점점 나아지고는 있지만, 우리 사회 각계의 인식도 획기적으로 바뀌었으면 하는 바람입니다.

치부에 대한 본능

백규와 계연의 경영론

間___ 중국인의 새해 인사가 '돈 많이 버세요'라고 하던데 정말로
그런가요?

答___ 중국어로 '꿍시파차이恭喜發財'라고 합니다. 이번에는 경제와
상인 이야기를 해볼까 합니다. 『사기』의 실질적인 마지막 권인 권
129는 〈화식열전〉으로 사마천의 경제관과 역대 부자의 이야기입
니다.

間___『사기』는 모두 130권인데 어째서 129권을 마지막이라고 하
나요?

答__ 권130은 〈태사공자서〉입니다. 사마천 집안의 내력을 비롯해 『사기』를 쓰게 된 과정 및 『사기』 전체에 대한 간략한 요약으로, 말 그대로 서문입니다. 독자들을 고려한다면 맨 앞에 있어야 합니다. 그런데 첫 권이 전설 속 다섯 제왕들의 기록인 〈오제본기〉라 차마 그 앞에 둘 수 없어 맨 마지막에 배치한 것입니다. 따라서 그 앞의 권129 〈화식열전〉이 실질적으로 마지막 권에 해당합니다.

問__ 역사책에 부자들의 이야기를 넣었다니 참으로 놀랍습니다.
答__ 2,100여 년 전의 역사책이라는 걸 감안한다면 부자들의 이야기가 있다는 사실 하나만으로도 기적입니다.

問__ 더욱이 당시 지식인들, 특히 유교가 통치 이데올로기로 확정된 후로는 경제 문제를 천시하지 않았나요? 우리나라는 조선시대에도 상업이나 돈을 천시하는 풍조가 만연했던 걸로 아는데요. 그 영향력이 지금도 남아 있고요.
答__ 조선시대의 경우 지배층이 다분히 위선적이었습니다. 처자식은 굶고 있는데 사서삼경만 읊으면서 책임을 회피했으니까요.

問__ 그렇게 보면 사마천이 부자 이야기를 기록으로 남겼다는 것 자체가 풍자요 조롱이라는 생각이 듭니다.

答__ 사마천은 "선비가 동굴에 숨음으로써 명성을 드러내려는 것이 무엇 때문인가? 결국은 부귀를 위한 것이다"라는 말로 부를 천시하시면서도 부를 욕망하는 위선자들을 비꼬았습니다. 그에 대해 후대에서는 사마천이 부귀와 돈을 공개적으로 거론하며 가난을 천시했다는 격렬한 비난을 퍼부었습니다. 금나라 때 왕약허王若虛라는 학자는 죽음으로도 모자란다고 할 정도였습니다. 하지만 사마천은 부귀에 대한 인간의 욕망은 본능이라 막거나 억제할 수 있는 것이 아니라고 지적하면서 이렇게 말합니다.

"부는 인간의 본성이라 배우지 않아도 모두 추구할 수 있는 것이다."

問__ 정말 정확한 지적입니다. 문제는 부를 추구하는 방법이겠지요.
答__ 바로 그것입니다. 사마천의 경제관이 남다른 것도 그 문제에 대한 정확한 인식 때문입니다. 사마천은 아무리 부유해도 그것이 자신의 정당한 노력을 통해 성취한 것이 아니라면 인정하지 않았습니다. 부에 대한 욕망과 본능을 인정하되 정당한 방법에 기초해 자기만의 방식으로 치부한 사람들을 높게 평가했습니다. 그리고 결론적으로 "근검절약하고 부지런히 일하는 것이 부자가 되는 바른길이다"라고 말합니다.

問__ 근검절약을 기초로 해 자기만의 방식으로 치부한 부자들의 이야기, 정말 기대됩니다.

答__ 말했듯이 사마천은 『사기』의 실질적인 마지막 권이라 할 수 있는 권129 〈화식열전〉에서 31명의 부자들을 소개하고 있는데, 치부 방법과 그들만의 상도商道가 볼만합니다. 요즘 기업경영에서나 볼 수 있는 온갖 방법이 나옵니다. 틈새시장 공략, 프랜차이즈 경영, 전문 인력을 통한 치밀한 경영, 치밀한 지역 정보력에 바탕을 둔 경영, 노동력의 극대화 경영, 정경유착 등 없는 것이 없습니다. 인간의 본성을 이용하는 방법이라는 본질을 생각한다면, 2,000년 전이나 지금이나 별반 달라진 것이 없다는 뜻이겠지요. 그런 점에서 사마천의 경제론과 부자 이야기가 더욱 진가를 발휘합니다. 논의에 깊이가 있고 동시에 흥미진진하기 때문입니다.

問__ 부자 이야기를 듣고 싶었는데, 이제는 사마천의 경제론이 더 관심이 갑니다.

答__ 사마천도 그 점을 의식해 부자 이야기 곳곳에 경제경영 전문가들의 탁월한 경제론 등 경영론을 집중 부각시키고 있습니다. 먼저 백규白圭라는 대상인의 경영론을 보면, 그는 최고 경영자가 갖추어야 할 네 가지 자질을 언급하고 있습니다. 백규는 자신이 사업에서 크게 성공한 비결은 병법 전문가의 전략이나 개혁 전문가의 개혁의지와 같은 차원이라면서 이 네 가지를 갖추지 못하면 이해할 수 없을 것이라고 했습니다.

問__ 그 네 가지란 어떤 것인가요?

答__ 지智, 용勇, 인仁, 강强입니다. 그냥 보아서는 유가의 덕목 같지만 백규는 여기에다 그 나름의 경영자질론을 덧붙였습니다. 첫째, '지'란 사업에서 꼭 필요한 임기응변의 지혜를 말합니다. 경영을 하다 보면 예기치 못한 상황에 부딪치는 경우가 많은데 그때 발휘해야 할 지혜를 말합니다. 다음으로 중대한 결단을 내릴 때 필요한 용기를 들었습니다. 세 번째로 어질 '인' 자를 꼽았는데, 이 대목의 해석이 분분하긴 합니다만, 전문가들의 견해에 따르면 취사선택을 뜻한다고 합니다. 사업에서 꼭 필요한 항목입니다. 모든 것을 다 얻을 수 없다면 취사선택해야 하는데 그때 '인'을 발휘해야 한다는 뜻인 것 같습니다. 유교사상과 결합하자면 나누거나 베풀 줄 알아야 한다는 말과도 통합니다. 독점하지 말라는 말로도 들리고요. 마지막 '강'은 자신이 내린 결단이나 경영철학을 강단 있게 밀고 나가는 힘을 말합니다.

問__ 지혜, 용기, 선택, 강단이라니, 현대 경영이론이나 리더의 자질로 바꾸어놓아도 손색이 없습니다. 오히려 어떤 면에서는 더 의미심장합니다.

答＿ 〈화식열전〉이 왜 시간이 흐를수록 가치가 높아지는지를 알 수 있게 하는 대목입니다. 백규의 경제론을 좀 더 소개하고, 계연計 然이라는 신비로운 인물도 소개할까 합니다.

백규는 시기의 변화에 따른 물가변동에 주목했습니다. 이때 말하는 '시기'가 아주 묘한 개념인데, 단순히 타이밍만을 뜻하는 것이 아니라 한 해의 날씨, 생산량 상황, 소비성향, 생산품목 등을 총체적으로 고려하라는 의미가 담겨 있습니다. 한 해의 전반적인 상황을 파악해 경제지표를 세우라는 것이지요. 그래서 백규는 세상 사람들이 돌아보지 않을 때 사들이고, 사람들이 취할 때 팔았습니다. 이 말을 잘못 받아들이면 매점매석이나 독점으로 흐르기 십상이죠. 그래서 물건 값이 떨어지면 더 내다 팔아 더 떨어지게 한 다음 사들인다거나, 값이 오르는데도 팔지 않고 더 가지고 있다가 더 오르면 판다든지 하는 그릇된 상혼들이 나타나지 않나요? 백규는 그런 파렴치한 장사꾼들과는 근본적으로 달랐습니다.

물가 안정이 경제 전반에 미치는 영향을 백규는 누구보다 잘 알았습니다. 그래서 경제활동이나 경영에 있어 물가 안정을 우선 고려했습니다. 백규는 풍년이 들면 곡식을 사들였습니다. 값이 폭락하기 전에 적절한 값으로 사들여 곡식 값을 안정시킨 것입니다. 곡식은 생명과 직결되는 물품이라 가격 안정이 가장 중요했기 때문입니다. 그러면서 자신이 보유하고 있던 실과 옻을 내다 팔아 경제활동을 활성화시켰습니다. 곡식 값이 안정되면 백성들의 생활이 안정되겠지요. 그러면 비교적 싼 값으로 실을 사서 옷감을 짜 내다 팔고, 당시 관이나 귀한 그릇에 꼭 필요한 옻을 사서 물건을 만들어 수입을 올리게 한 것입니다.

반면 흉년이 들었는데 누에고치가 남아돌면 비단과 풀솜을 사들였습니다. 누에고치가 남아돌면 비단의 값이 폭락할 것에 대비해 이것을 사들여 값을 안정시키는 식이지요. 물가 안정이야말로 경제의 근간임을 백규는 정확하게 읽고 있었습니다. 백성들의 생활이 활기차냐 침체냐를 결정짓는 요인들 가운데 물가보다 중요한 것이 있을까요? 그건 지금도 마찬가지입니다. 백규는 뛰어난 상인이었을 뿐 아니라 걸출한 경제 이론가였습니다. 이 점은 현대의 우리 경영인들이 배워야 할 상도가 아닐 수 없습니다.

問＿＿ 눈앞의 이익과 탐욕에 눈이 멀어 국민들의 삶을 불안하게 만드는 기업이 많습니다. 백규란 인물이 낯설지만 그가 내세운 경제론은 구구절절 가슴에 와닿습니다.

答＿＿ 지금 세계는 '좋은 세상'을 만들기 위한 방향으로 나아가고 있습니다. 이런 점에서 『사기』는 몇천 년 전 사람들이 등장하지만 가슴으로 들어야 할 좋은 이야기들이 많습니다. 백규 못지않은 경

9장 성공의 법칙

제 전문가가 한 사람 더 있는데, 계연이라는 인물입니다. 월나라 왕 구천句踐을 도와 오나라를 멸망시키는 데 가장 큰 공을 세운 다음 명예롭게 은퇴한 범려范蠡의 스승이 계연입니다.

問___ 범려 역시 걸출한 사업가가 아니었나요? 토사구팽兎死狗烹이라는 고사성어도 남겼고요?

答___ 최고 정상 자리를 툴툴 털고 물러나 사업가로 변모해 세 번에 걸쳐 억만금을 벌고 그것을 다시 사회에 환원함으로써 2,500년 전에 노블리스 오블리주를 몸소 실천한 인물입니다. 『사기』에서 토사구팽은 모두 세 번 나오는데 범려가 맨 먼저 언급했습니다. 동고동락한 친구 문종에게 함께 은퇴할 것을 권하면서 그 속담을 인용하지요.

問___ 그런 범려의 스승이라면 대단한 사람이겠습니다. 계연의 경제론에서 배울 점은 무엇인가요?

答___ 계연은 경제의 흐름을 정확하게 파악하기로 유명했습니다. 경제야말로 흐름에서 시작해서 흐름으로 끝난다고 해도 과언이 아닙니다. 돈이 돌듯 경제도 자연스럽게 사람들의 욕구에 따라 흘러가야만 활기를 띱니다. 계연의 경제론에서 가장 기본이 되는 것은 '폭리를 취하지 말라'는 것입니다. 이와 관련해 계연은 다음과 같은 천하의 명언을 남겼습니다.

> "비싼 물건은 쓰레기를 버리듯 내다 팔고, 싼 물건은 구슬을 손에 넣듯 사들여라."

이윤만을 생각한다면 금방 납득하기가 쉽지 않은 말이지요. 그래서 계연의 상도商道는 상덕商德의 차원에까지 올라 있다는 평가가 있을 정도입니다. 계연은 이 밖에도 물건 값의 상한선과 하한선을 정해야 한다는 주장도 했고, 상품의 유통기한을 언급하기도 했던 탁월한 이론가요, 실천가였습니다.

問__ 백규든 계연이든 경제론의 핵심은 서민들의 기본 생필품의 물가 안정에 있다는 인상을 받았습니다.

答__ 백성들에게 가장 필요하고 백성들이 가장 원하는 것이 바로 그것 아닐까요?

부자의 성공 비결

서른한 명의 부자들

問___ 이제 부자 이야기를 들어보기로 하지요. 『사기』에 나온 31명의 부자를 모두 소개할 건가요?

答___ 그랬으면 좋겠지만 기록의 편차가 심해 어떤 부자는 간단하게 몇 줄 정도로 그치고 있습니다. 대표적인 몇몇을 소개하는 것으로도 충분하리라 봅니다.

問___ 어떤 부자가 먼저 등장할까요?

答___ 성만 밝혀져 있고 이름은 없는 부자인데 지금의 사천성, 당시에는 촉蜀이라 불렸던 지역에서 철광업으로 거부가 된 탁씨卓氏부터 소개하겠습니다. 탁씨는 진시황 때 사업가였습니다. 진시황이 천하를 통일하기 전에는 지금의 하북성과 산서성 일부 지역을 차지하고 있던 조나라에서 철광업을 했습니다.

問___ 원래 근거지가 사천성 지역이 아니란 말 아닌가요? 그렇다면 천하통일 때문에 사업에 영향을 받지는 않았나요?

答___ 당연히 영향을 받았습니다. 특히, 조나라는 진나라의 통일 과정에서 수난을 가장 많이, 그것도 아주 심하게 당한 나라입니다. 장평전투에서는 조나라 병사 40만 명이 생매장당해 전사하는 참혹한 일도 있었습니다. 한 나라의 청장년이 거의 몰살당한 정도일 테니 무기나 농기구를 만드는 재료인 철광을 캐는 일을 하던 탁씨의 사업도 당연히 큰 타격을 받았을 것입니다.

問___ 무기 만드는 재료를 생산하던 사업가였으니 견제나 탄압이 있었을 것 같기도 합니다.

答___ 진시황은 견제나 탄압의 한 방법으로 이런 사업가들을 먼 타지로 이주시켰습니다. 사업 기반 자체를 없애는 조치였습니다. 고대에는 새로운 정권이 들어서면 그 전 정권의 사업가들, 특히 상인들을 통제하기 쉬운 수도 부근으로 이주시키는 사례가 많았습니다. 이와 동시에 이들의 기반 자체를 허물기 위해 먼 곳으로 내쫓아버리는 조치도 함께 취했던 것 같습니다.

問___ 사업 근거지에서 강제로 쫓겨나 머나먼 이역 땅으로 온 탁씨가 어떻게 사업을 다시 일구고 성공했는지를 들어보고 싶습니다.

答___ 탁씨는 우선 사천 지역을 면밀히 살폈습니다. 요즘 식으로 말하자면 지역학을 공부한 셈인데, 기본은 인문지리를 살피는 것입니다. 경영에서 말하는 현지화 전략입니다.

問___ 지역적 특색이나 습속 따위를 말하는지요?

答___ 거기에 특산물, 지리적 형세 등등까지 포함한 종합적 지역학이라 할 수 있습니다.

問___ 새로운 사업 기반을 찾기 위해서였나요? 그렇다면 아무래도 사람들이 많이 모여 사는 대도시나 그 주변을 택하지 않았을까요?

答___ 일반적으로는 그렇습니다. 하지만 탁씨는 그와는 반대로 오늘날 성도成都(청두)라는 번화한 도시를 택하지 않고 변두리인 임공臨邛이라는 곳을 선택합니다. 자신의 주력 사업인 철광업을 살리기 위해 좋은 질의 철광산이 있는 곳을 물색한 결과죠. 여기에 정치적 압박을 경험한 탓에 정치권에 가까운 대도시를 부러 피한다는 의미도 있었습니다.

問__ 소비시장도 고려해야 하지 않나요?

答__ 큰 사업을 했던 탁씨가 그 점을 고려하지 않을 리 있겠습니까. 하지만 질 좋은 재료를 생산할 수 있다면 운송 거리와 소비시장의 한계를 극복할 수 있다고 본 것입니다. 실제로 임공 지역의 철광은 다른 지역의 철광보다 질이 뛰어났고 탁씨는 그 점을 가장 크게 보았습니다.

問__ 길게 내다본 것이라 할 수 있겠습니다.

答__ 사업 기반을 개척할 때 반드시 필요한 것이 바로 장기적 안목입니다. 철광업은 단기간에 승부를 볼 수 있는 사업이 아니니 주거와 각종 편의시설의 불리함을 무릅쓰고 과감하게 지방을 선택한 것입니다. 실제로 함께 이주한 다른 사업가들은 탁씨와는 달리 거의 대부분 대도시를 선택했습니다.

問__ 탁씨의 성공 비결을 정리해보면 어떨까요?

答__ 방금 말한 장기적 안목을 우선 꼽을 수 있고, 다음으로는 객관적 조건에 대한 정확한 정보 확보와 분석력을 들 수 있겠습니다. 탁씨가 다른 곳을 다 제쳐두고 임공을 택한 것은 이에 따른 것이었습니다. 셋째는 남과 다른 사유 방식으로 접근하라는 것입니다. 다른 말로 역발상 또는 개척(모험) 정신이라 할 수 있는데, 이 발상은 '인식의 오차 구역'에서 탈피해야만 가능합니다.

問＿＿ 인식의 오차 구역이란 무엇을 말하나요?

答＿＿ 이해하기 쉽게 대학입시를 예로 들어보겠습니다. 흔히들 좋은 대학, 인기 있는 학과가 미래의 성공을 보장할 수 있다고 생각합니다. 이런 인식에는 입시생의 장점, 특기, 기호 따위는 배제되어 있습니다. 따라서 결과는 차이가 날 수밖에 없습니다. 그 차이가 바로 오차 구역입니다. 사업가들 대부분이 대도시를 택한 것은 비교적 쉽게 사업을 정착시킬 수 있다는 이점이 있지만 그것이 성공을 보장하지는 못하지 않나요? 탁씨는 바로 그런 일반적 인식의 오류 내지 오차 구역을 간파해 과감한 역발상으로 지방을 선택했습니다.

問＿＿ 정확한 정보력과 치밀한 분석이 뒤따라야 하겠습니다.

答＿＿ 당연합니다. 끝으로 탁씨는 긍정적이든 부정적이든 경험을 스승으로 삼을 줄 알았습니다. 정치적 변동이 부정적 경험이라면 자신이 해보았던 광산업이라는 경험은 긍정적 경험입니다. 그는 이 둘을 적절하게 다 활용한 것입니다.

問＿＿ 우리 같은 보통 사람의 생활도 규모와 정도의 차이는 있겠지만, 탁씨와 같은 과정을 거치는 것 같습니다.

答__ 규모의 차이가 있을 뿐이지요. 그런 생활의 지혜가 쌓이고 거기에 자신의 노력이 보태지면 언젠가는 큰 성공을 거두게 됩니다. 탁씨는 하인을 1,000명이나 거느리며 제왕 못지않은 부귀를 누렸다고 하니까, 그의 사업이 얼마나 성공했는지 알 만하지 않나요.

問__ 다음은 어떤 부자 이야기가 기다리고 있나요?

答__ 이번에는 틈새시장을 공략해 성공한 부자 이야기입니다. 그 시절에 틈새시장 공략이라는 용어가 있진 않았겠지만, 그 내용과 실질은 영락없는 틈새시장 공략이지요. 먼저 다른 사업가들과는 달리 직원 고용이라는 점에서 남다른 수완을 보여준 조한曹閑의 이야기입니다.

조한은 특별한 인재채용 시스템을 도입했습니다. 그 인재들이 모두 노비였다는 점에서 당시 세상을 깜짝 놀라게 만들었죠. 조한 밑에서 일할 수 있는 노비의 자격은 두 가지였습니다. 하나는 사나워야 하고, 또 하나는 셈이 밝아야 했습니다. 사납다는 말은 자기 한 몸 정도는 충분히 지켜낼 수 있어야 한다는 의미입니다. 조한은 고리대금업과 프랜차이즈 시스템으로 사업을 키웠는데, 전국 각지에서 사업을 벌였기 때문에 지역의 텃세나 배타적 분위기를 극복해야 했습니다. 그래서 자기 몸 하나 정도는 충분히 지킬 수 있는 힘과 용기를 갖춘 노비에 우선권을 주었고, 또 사업을 해야 하니까 셈이 밝아야 해서 영리한 노비를 발탁한 것입니다. 게다가 조한은 오늘날 말하는 성과급 제도도 도입한 걸로 보입니다. 실적에 따라 더 많은 보수를 주는 시스템이었습니다.

問___ 그러니 성공할 수밖에 없었겠습니다.

笞___ 틈새시장 공략과 정확하게 일치하지는 않지만 남들이 꺼리는 노비를 과감하게 인력으로 기용한 점에서 본다면, 큰 맥락에서 틈새시장 공략이라 해도 될 법합니다.

問___ 다음은 어떤 상인인가요?

笞___ 화장품 사업으로 성공한 옹백雍伯이라는 부자 이야기입니다. 오늘날은 더하겠지만 화장품 사업은 주 소비자인 여성들의 심리를 파고들어야 합니다. 그리고 당시에도 유행에 민감해야 하는 사업이었지요.

옹백은 당시 여성들의 헤어스타일에 특별히 주목했습니다. 당시 여성들은 머리카락을 길게 기른 다음 정성들여 곱게 빗어 위로 틀어 올리는 헤어스타일을 선호했습니다. 이때 꼭 필요한 것이 머릿기름입니다. 좋은 머릿기름이어야만 잘 빗기고 틀어 올린 머리에 멋과 윤이 날 테니까요. 머리카락을 죄다 길렀기 때문에 한번 단장하려면 머릿기름이 보통 많이 드는 게 아니었던 모양입니다. 바로 그 점에서 착안해 좋은 기름을 구하거나 만들어 팔았습니다.

問__ 다음으로는 어떤 사업가를 소개하나요?

答__ 이번에는 칼로 성공한 탁씨 이야기입니다. 사천의 광산업자 탁씨와는 성만 같습니다. 탁씨는 칼을 만드는 것이 아니라 칼을 가는 사업으로 거부가 됐습니다. 이것은 당시의 풍습과 관계가 있습니다. 당시 사람들은 너나없이 몸에다 칼이나 검을 지니는 것이 유행이었습니다. 이를 패검佩劍이라 했는데, 춘추시대 이래 남성들의 필수품이 되었습니다. 검을 차고 다닌다 해서 그것을 사용하는 것이 아니라 그냥 예의로 차고 다닌 것입니다. 그런데 검이 검집에 오래 꽂혀 있다 보면 녹이 슬고 무뎌집니다. 어쩌다 자기 검을 꺼내 상대에게 보여줄 때 녹이 슬어 있거나 무뎌져 있으면 창피하지 않겠습니까. 그러니 수시로 갈 수밖에 없었지요.

問__ 그렇게 대량으로 칼을 가는 공장 같은 것을 차려 성공했군요.

答__ 그렇습니다. 칼이나 검을 만들어도 돈을 벌 수 있겠지만 거기에는 경쟁자가 너무 많았습니다. 그래서 탁씨는 틈새를 노려 칼을 가는 사업을 벌였던 것입니다.

예나 지금이나 모든 사업에서 틈새시장은 존재하기 마련입니다. 시장을 개척하느냐 개척된 시장을 잘 살펴 빈 곳을 찾아내느냐 하는 방법의 차이가 있을 뿐입니다. 어느 경우든 안목은 필수입니다.

問___ 사업가의 기질이나 성향에 따라 달라지기도 하겠지요?

答___ 사마천은 이런 다양한 사업가들을 31명이나 소개하면서 다들 자기만의 방식으로 부지런히 정당하게 부를 축적해 제왕 못지않은 부유한 삶을 누렸다고 했습니다. 그런 다음 누구든 머리를 써서 노력하면 그렇게 될 수 있다고 못박았습니다.

성공과 실패를 결정하는 인생 법칙 1

문공의 '퇴피삼사'

答__ 이번에는 특별히 『사기』에 나오는 다양한 사례를 통해 성공과 실패를 결정하는 인생 법칙 같은 것들에 대해 얘기해볼까 합니다. 『사기』와 사마천이 제시하는 '인생의 지혜'라고나 할까요.

問__ 성공한 사례를 통해서는 지혜를 얻고, 실패하는 사례를 통해서는 교훈과 성찰을 얻을 수 있겠군요. 사마천과 『사기』가 제시하는 인생 법칙 제1 원칙은 뭘까요?

答__ 맨 먼저 하고 싶은 말은 '적절한 포기야말로 성공을 얻는 열쇠'가 될 수 있다는 것입니다. 사람이 참 하기 힘든 일이 적당한 때 물러나는 것입니다. 성공이 눈앞에 보이고 승리가 코앞에 닥쳤을 때 물러나기란 더 힘들지 않겠습니까. 춘추시대 지금의 산서성 지역에 위치한 진晉나라가 있었습니다. 이 진나라에서 가장 유명한 지도자 한 사람이 나왔는데, 문공文公이라고 하는 아주 특이한 이력의 소유자였습니다.

問___ 옛날 지도자로서 특이한 이력을 가졌다면 여자 문제나 뭐 그런 것 아닐까요?

答___ 그것도 관련이 있지만 문공의 가장 특별한 경력은 그가 진나라 내부의 정쟁 때문에 무려 19년이나 망명 생활을 했다는 것입니다. 문공이 망명을 떠날 당시 나이가 마흔둘이었으니까, 19년 만에 고국으로 돌아와 최고 리더 자리에 올랐을 때가 환갑이었습니다. 19년의 고생 끝에 최고 권좌에 오른 인간승리의 표본입니다.

問___ 여자 문제하고도 연관이 있다고 하지 않았나요?

答___ 문공은 아주 로맨틱하고 유머가 넘치는 사람이었습니다. 망명지마다 여성들과 염문을 뿌렸지요. 조강지처가 있었지만 당시 남성들의 축첩이야 사회적으로 용인되었던 것이니 별 문제가 되지 않았습니다. 훗날 권좌에 오른 뒤 자신과 로맨스를 가졌던 여성들을 다 데리고 와서 살았습니다. 문공이 망명 생활을 할 당시 고생이 참 많았습니다. 조曹나라나 위衛나라 같은 작은 나라들까지 문공을 푸 대접했습니다. 그런데 남방의 강국 초楚나라는 아주 후하게 문공을 대접했습니다.

問＿ 조그마한 나라에게도 멸시를 당했는데 큰 나라에서 환대를 받았으니 감격했을 법합니다.

答＿ 문공은 떠나올 때 초나라 성왕에게 진심으로 큰 감사를 드렸 습니다. 그런데 성왕이 장난삼아 나중에 잘되면 무엇으로 은혜를 갚을 생각이냐고 물었습니다. 문공은 정색을 하고 나중에 행여 두 나라가 싸우게 된다면 '퇴피삼사退避三舍'하겠다고 약속했습니다. 당 시 군대가 하루 행군하는 거리를 1사라 했습니다. 퇴피는 뒤로 물 리겠다는 뜻이고, 그러니까 3사를 양보하겠다는 말이었습니다. 1사가 30리 정도 된다고 하니까, 두 군대가 싸우게 된다면 진나라 군대를 90리 뒤로 물린 다음 싸우겠다는 뜻입니다. 성왕은 농담 정 도로 가볍게 웃고 말았습니다.

　그런데 말이 씨가 된다고, 훗날 두 나라 군대가 성복城濮이라는 곳 에서 마주쳤습니다. 당시 상황을 보면 아주 복잡한 국제 관계가 걸 려 있었습니다. 초 성왕이 송나라를 공격하자, 송나라는 진문공에 게 구원을 청했습니다. 이해관계를 따진 끝에 문공은 송나라를 구 원하기로 결정했습니다.

間___ 그럼 은혜를 원수로 갚은 꼴이 되지 않나요? '퇴피삼사'도 결국 헛된 약속이었고 말이죠.

答___ 그게 그렇게 단순하지가 않습니다. 문공도 그 점이 마음에 걸렸습니다. 그래서 참모의 묘책을 받아들여 망명 시절 자신을 푸대접했던 조나라와 위나라를 토벌한다는 명분을 내걸고 군대를 출동시켰습니다. 이들 나라를 치게 되면 위치상 결국 초나라와 부딪칠 수밖에 없고, 그렇게 해서 초나라를 물리치면 송나라를 구원할 수 있게 됩니다.

間___ 그런 절묘한 방법이 있었군요. 어쨌거나 두 나라 군대가 충돌할 경우 '퇴피삼사'하겠다던 약속은 물 건너간 것 아닌가요?

答___ 아닙니다. 문공은 전력이나 전략적으로 불리한 상황임에도 그 약속을 지켰습니다. 그리고 일부러 패한 척 도망치며 상대를 유인하고 상대의 심리를 교만하게 만들어 역전승을 거두었습니다. 외교와 전술로 승리했다고 하겠습니다. 이 성복전투는 전력이 약한 쪽이 강한 상대를 전술과 외교로 물리친 대표적 사례로 남아서 전해지고 있습니다. 여기서 요점은 적절한 포기와 양보로 승리를 거두었다는 것입니다.

間___ 포기와 양보를 할 줄 모르면 물러날 곳이 없어지는 경우가 많습니다. 우리 인생도 그런 것 같습니다.

答__ 포기하거나 양보하면 다음을 생각하게 됩니다. 선택과 결정이 불가능할 정도로 곤란한 상황에 처했을 때는 심신이 피로하기 때문에 현명한 판단을 내리기 힘듭니다. 결정을 내리려 해도 올바른 결정이 못 될 경우가 많습니다. 이럴 때는 포기하거나 양보하는 쪽이 나을 수 있습니다.

問__ 그럴 경우에는 더 큰 용기와 담력이 필요할 것 같습니다.

答__ 안타깝게도 그게 힘들기 때문에 포기하지 못하는 것입니다. 비범한 의지와 지혜가 필요합니다. 하지만 포기에도 목적과 계획이 있어야 참신한 기회를 만들어낼 수 있습니다. 앞을 내다보는 식견을 갖추면서 또 다른 성공의 조건을 갖추어야 합니다. 포기할 때 미래를 보다 심각하게 고려하라는 말입니다.

問__ 듣고 보니 포기의 경지가 여간 이뤄내기 어려운 게 아니군요.

答__ 어떤 면에서 포기와 양보는 보통 사람의 생각을 뛰어넘는 초월적인 경지라 할 수 있습니다.

성공과 실패를 결정하는 인생 법칙 2

장왕과 당교 이야기

問___ 『사기』의 지혜를 통해 인생의 성공과 실패를 결정하는 인생 법칙을 이야기하고 있습니다. 지난번에 문공의 '퇴피삼사'라는 고사성어를 통해 적절한 포기와 양보가 더 큰 기회와 성공을 만들어 낸다는 이야기를 했습니다. 두 번째 법칙은 뭘까요?

答___ '관용, 너그러움이 성공의 확률을 높인다'는 것입니다. 춘추시대 장강 이남의 강대국 초나라 장왕莊王 때의 일화를 통해 관용의 중요성을 생각해보겠습니다. 오늘날 상황과는 어울리지 않는 부분이 있지만, 2,600년 전이란 점을 감안하고 들어보기 바랍니다.

問___ 장왕이라면 3년을 울지도 날지도 않는 새라는 수수께끼의 주인공 아닌가요?

答___ 그렇습니다. 바로 '불비불명', 즉 '날지도 울지도 않는 새'가 '한번 울었다 하면 세상 사람을 깜짝 놀라게 만들 것이다'는 '일명경인'이라는 유명한 고사성어의 주인공입니다.

기원전 605년 장왕이 다른 나라를 정벌하러 나가 궐을 비운 사이에 두월초斗越椒라는 대신이 반란을 일으킵니다. 장왕은 서둘러 군대를 돌려 두월초의 반란군을 진압하러 가지요. 하지만 상황이 여의치 않았습니다. 심지어 두월초가 쏜 화살에 장왕이 맞을 뻔한 위기도 있었습니다. 다행히 백발백중의 명사수 양유기養由基가 두월초를 사살하고 가까스로 반란을 진압하는 데 성공했습니다.

장왕은 기분이 좋았습니다. 궁중에서 큰 잔치까지 베풀었죠. 속된 말로 허리띠 풀고 마음 놓고 취해보겠다는 자리였습니다. 기쁘고 즐거운 자리가 이어졌고, 날이 어두워지자 장왕은 횃불을 밝히게 해 계속 술자리를 이어갔습니다. 그렇게 횃불까지 밝힌 채 밤늦게까지 잔치를 벌이고 있던 중 뜻하지 않은 사태가 발생했습니다.

기분 좋게 취한 장왕이 장수들의 기분을 한껏 띄워주려고 자신이 아끼는 허희許嬉라는 애첩을 불러 장수들에게 술을 따르게 했습니다. 당시로서는 대단한 은혜였습니다. 허희가 돌아가면서 술을 따르는데 갑자기 바람이 크게 불어 횃불이 다 꺼져버렸습니다. 순식간에 연회

장은 한 치 앞을 분간할 수 없는 어둠에 휩싸였습니다. 그런데 그와 동시에 장왕의 애첩 허희의 비명이 들려왔습니다. 당교唐教라는 장수가 술김에다 주위도 캄캄해졌겠다, 허희의 몸을 더듬은 것입니다.

그런데 영리한 허희가 비명과 함께 당교의 갓끈을 잡아당겨 끊어버렸습니다. 그리고는 빨리 횃불을 밝혀주시길 장왕에게 요청했습니다. 하지만 장왕은 횃불을 밝히지 못하게 했습니다. 그러면서 모든 장수들에게 일제히 갓끈을 끊으라는 명령을 내렸습니다. 술김에 한 행동을 가지고 소란을 떨어 좋은 분위기를 망치지 말라는 뜻이었습니다. 장왕은 모두 갓끈을 끊게 하고는 다시 통쾌하게 술자리를 이어갔습니다.

問___ 그걸로 그만인가요?

答___ 뒷이야기가 남았습니다. 몇 년 뒤 장왕은 정鄭나라와의 전쟁에 나갔습니다. 정나라 수도를 향해 진격하는데 어떤 장수 하나가 매번 선봉에 서서 적군을 사정없이 무찔렀습니다. 이 장수 덕분에 정나라 수도까지 일사천리로 진격할 수 있었습니다. 너무 기특해서 장왕은 그 장수를 불러 큰 상을 내리려 했습니다. 그러자 그 장수는 뜻밖에 "대왕께서는 이미 저에게 큰 상을 내려주셨습니다"라며 상을 사양했습니다. 바로 당교였습니다. 당교는 그날 장왕의 너그러운 처사 때문에 자칫 목이 잘릴 뻔한 위기를 넘겼지요. 더욱이 장수가 전쟁터에서 죽지 못하고 여자 몸을 더듬다 불명예스럽게 죽었다면 어떠했을까요? 그러니 당교 처지에서는 장왕의 관용이 자신의 목숨보다 더 소중했던 겁니다.

問__ 술자리에서의 실수를 너그럽게 용서함으로써 전쟁에서 큰 승리를 거둘 수 있었습니다.

答__ 관용은 그런 점에서 예술적 경지라는 생각이 듭니다. 남에게 너그럽게 대하는 것은 자신의 가치를 따질 수 없는 선물을 주는 것이나 마찬가지라는 말도 있습니다.

問__ 생활 속에서 너그러움은 각박한 삶을 이완시켜주는 지름길이 되기도 하지 않나요?

答__ 사람 사이의 갈등이나 모순을 화해시켜주는 좋은 약과도 같다고 생각합니다.

問__ 관용은 미덕이요 수양이라는 생각을 해보았습니다. '관용이 성공의 확률을 높인다'는 인생 법칙 이야기였습니다.

答__ 갓끈을 끊게 하고 벌인 술자리, 이를 절영지연絶纓之宴이라는 고사성어로 표현하는데, 이를 통해 장왕의 관용이 훗날 얼마나 큰 결과를 가져다주었는지를 알아보았습니다.

성공과 실패를 결정하는 인생 법칙 3

뜨거운 화로 효과

問___ 이번엔 어떤 인생 지혜를 들려주나요?

答___ '뜨거운 화로 효과'라는 말 들어보았는지요? 방 한가운데에 뜨거운 화로가 놓여 있습니다. 그런데 조심하지 않고 이 화로를 만지면 바로 데지 않나요? 누가 만지든 결과는 마찬가지입니다. '뜨거운 화로는 누가 만지든 데인다'는 것이 바로 '뜨거운 화로 효과'입니다. 규칙과 제도를 실시할 때 취하는 조치를 말하는데, 이런 조치들은 시의적절해야 하고 경고와 예방의 성격을 갖추고 있어야 하며, 공평하고 공정해야 합니다. 뜨거운 화로가 있는데, 어떤 부분만 뜨겁고 어떤 부분은 미지근해서는 안 된다는 말입니다. 누구든 잘

못 만지면 데야지, 누가 만지면 데고 누구는 데지 않는 화로가 되어서는 안 된다는 것이지요. 제갈량이 눈물을 흘리며 부하 마속의 목을 벤 '읍참마속泣斬馬謖'이 대표적인 사례가 될 것입니다.

問___ '읍참마속'은 유명하지요. 『사기』 속 사례도 소개해주세요.

答___ 『손자병법』이라는 병법서의 바이블을 남긴 손무孫武라는 인물은 잘 알 것입니다. 손무는 춘추시대 사람입니다. 당시 오吳나라의 왕 합려闔閭는 천하의 패주가 되려는 야심을 품고 있었습니다. 이를 위해 각계의 인재들을 초빙했는데 손무도 오자서伍子胥의 추천을 받아 합려를 만납니다.

問___ 아버지와 형님을 죽인 원수 평왕平王의 무덤을 파헤쳐 시체에 채찍질을 가한 복수의 화신 오자서가 손무를 추천했다는 이야기는 처음 듣습니다.

答___ 두 사람이 합심해 합려와 그 아들 부차夫差를 보좌해 패주로 만드는 데 큰 공을 세웠습니다. 처음 손무를 만난 합려는 손무의 능력을 시험하고 싶어 궁녀들을 대상으로 군대식 훈련이 가능하겠느냐고 물었습니다. 손무는 충분히 가능하다고 했고, 궁녀 180명을 모아놓고 이들에게 좌향좌, 우향우, 뒤로돌아 따위와 같은 군령을 가르쳤습니다.

손무가 자신의 손과 팔을 이용해 친절하게 군령을 설명한 다음 호령했지만 궁녀들은 키득거리기만 할 뿐 따르지 않았습니다. 손무는 군령이 분명치 않고 호령이 숙달되지 않았다는 것은 장수의 잘못이라며 다시 한번 상세히 군령을 설명해주고 '좌향좌' 하고 구령을 내렸습니다. 물론 이번에도 안 됐지요. 손무는 한 번은 장수 잘못이지만 두 번은 직속 지휘관인 대장의 잘못이라며 당초 지휘관으로 지정했던 궁녀 둘을 잡아들여 목을 베려 했습니다.

이 모습에 오왕 합려도 깜짝 놀라 극구 말립니다. 그러자 손무는 이렇게 말했습니다. "저는 이미 임금의 명을 받아 장수가 되었습니다. 장수가 전쟁터에 있으면 임금의 명이라도 듣지 않을 수 있습니다." 궁녀 둘의 목을 베고 다시 군령을 내렸고 180명의 궁녀들은 잘 훈련된 병사들처럼 일사불란하게 움직였습니다. 손무의 행동이 좀 과하기는 했지만 이를 조직이나 나라 일에 적용시켜보면 그 뜻하는 바가 결코 어렵지 않습니다.

問___ '뜨거운 화로 효과'의 의미를 잘 알겠습니다.

答___ 조직을 관리하기 위해서는 그 나름의 원칙과 규칙이 필요하고, 나라에는 법이 필요합니다. 그런데 법이 제대로 실행되지 않는 것은 사람들이 법을 지키지 않아서라기보다는 법이 공정하지 않고 공평하지 않기 때문에 더 그렇습니다.

問___ 그렇다면 화로 효과가 제대로 나기 위해서는 화로를 식지 않게 해야 하고, 화로의 온도가 늘 일정해야 하지 않을까요?

答___ 그것이 바로 화로 효과의 전제 조건입니다. 이것을 법에다 적용하면 법은 만인에게 공평하고 공정해야 한다는 것입니다. 자와 컴퍼스가 없으면 바른 모양의 네모와 원을 그릴 수 없지 않습니까. 이를 법과 제도로 확대시키면 사람은 모든 사람을 평등하게 대해야만 공정과 공평을 보증할 수 있습니다.

問___ 우리 사회에는 편법과 변칙이 너무 많습니다.

答___ 그게 문제의 핵심입니다. 힘 있고 재력이 있는 자에게는 특혜를 베풀고, 힘없는 서민들은 조금만 잘못해도 가혹한 처벌을 받고, 이런 불공평이 사회를 불안하게 만듭니다.

問___ 법과 제도 앞에서 만인이 평등해야만 법과 제도가 제대로 작용할 수 있다는 말씀이지요?

答___ 손자의 사례가 화로 효과의 법칙을 잘 보여주고 있습니다.

問___ '뜨거운 화로를 함부로 옮기지 말라.' 법과 제도를 공평하고 공정하게 시행하라는 뜻이었습니다.

닫는 글

말과 글의 본래 모습을 되찾기 위한
사마천과의 대화

이 책은 말을 위해 쓴 글이었습니다. 약 2년간 진행된 라디오 방송 〈니하오 사마천〉의 대본이었습니다. 진행자와 글쓴이가 주고받은 대화이기도 했습니다. 그러니까 말을 위한 글이었다가 다시 그 글이 말로 바뀌었다가 이번에 다시 글로 나오게 된 셈입니다. 그 과정에서 적지 않은 수정이 있었습니다. 어쩌면 이제 이 책이 당초 대본의 최종본이 될 것 같습니다.

사마천은 『사기』에서 글과 관련한 과감한 시도를 많이 했습니다. 구어체는 물론 속담, 격언, 노래 심지어는 시정잡배의 거친 언어까지 필요하다면 서슴없이 자신의 글에다 넣었습니다. 문체의 혁명이었습니다. 훗날 당나라 때 한유韓愈와 유종원柳宗元 등을 중심으로 고문古文 운동이 활발하게 펼쳐지면서 『사기』의 문장은 고문의 모범이었습니다. 세상에 선을 보인 후 약 1,000년 뒤 깨어 있는 지식인들이 문장 개혁을 주장하며 모범으로 내세운 글이 『사기』였던 것입니다.

특히 한유는 지나친 수사와 기교, 형식적인 것만을 추구한 변려문騈驪文에 반대하며, 내용이 충실하고 순박한 한나라 이전의 문체로 돌아가자고 주장했습니다. 그러면서 단순히 고문의 모방이나 옛사람의 진부한 말이나 상투적인 표현을 따르는 것이 아니라, 고문의 장점을 바탕으로 창의적이며 쉬운 문장을 사용하자고 했습니다.

글이나 말의 격은 어렵게 한다고 해서 올라가는 것이 아닙니다. 화려한 수식어와 현학적 지식을 뽐낸다고 해서 높아지는 것도 아닙니다. 알아듣기 쉽고, 읽기 쉽되 생각을 하게 만드는 말이나 글이 수준 높다고 할 것입니다. 이런 점에서 『사기』의 글은 차원이 다르다고 할 수 있습니다. 거기에는 사마천의 처절한 울분과 죽음보다 깊은 슬픔이 진하게 배어 있되, 그것이 다시 정제精製와 정화淨化의 과정을 거쳐 보편적 언어로 승화되었기 때문입니다. 『사기』를 역사적 문학, 문학적 역사로 평가하는 까닭입니다.

독자들은 글과 말, 말과 글의 상관관계와 차이점 등을 마음 한 자락에 얹어두고 이 글들을 읽고 들으면 그런대로 흥미가 있지 않을까 합니다. TV에서 했던 강의를 녹취해 책으로 내는 일과는 또 다른 묘미가 있었습니다. 즉흥적인 임기응변을 요구하는 TV와는 달리 글을 차분하게 다시 말로 표현하는 과정에서 느꼈던 전달의 미묘함을 어렴풋하게나마 느꼈다고나 할까요. 아무튼 『사기』라는 절대 문장이 없었더라면 이런 경험도 불가능했을 것입니다.

거의 10년 만에 이 글을 다시 정리해 기존의 방송이나 책이 아닌 새로운 관계망, 이른바 SNS를 통해 사마천과 『사기』의 값어치를 알려보았습니다. 전달 수단이 달라진 탓에 긴 글이 효과가 있을까 의구심이 들지만 그럼에도 글, 그것도 긴 글을 '읽는' 것은 제법 수준 있는 문화 활동의 하나라는 생각으로 시도해보았습니다. 사마천과 『사기』라는 든든한 의지처가 있기 때문입니다. 독자들은 사마천과 『사기』의 차원 높은 '언어'에 초점을 맞추어 편하게, 마치 귀로 듣듯이 눈을 기울이면 될 것 같습니다.

SNS의 특성에 맞추어 문답식의 글로 재구성했고, 분량도 적당히 나누었습니다. 100회 가까이 연재되었고, 이를 다시 수정하고 보태고 덜고 나니 다행히 다시 제법 볼륨이 있는 한 권의 책으로 묶였습니다. 책이 갖는 중량감이 새삼스럽습니다.

말과 글이 서로에게 상처를 주고, 자신을 찌르는 무기가 되는 세상입니다. 천박하고 험한 것은 보통이고, 입에 담을 수 없고 붓을 놀릴 수 없는 말과 글이 세상을 뒤덮고 있습니다. 말과 글의 수준과 경지를 되살리지 못하는 한 세상은 더욱 혼탁해질 것입니다. 이 책이 말과 글의 본래 모습과 기능을 회복하는 데 조금이라도 도움이 될 수 있기를 바랄 뿐입니다.

2020년 두 차례 고쳐 쓰다

김영수

사기, 정치와 권력을 말하다

2021년 1월 30일 1판 1쇄 인쇄
2021년 2월 10일 1판 1쇄 발행

지은이　　김영수
펴낸이　　한기호
책임편집　정안나
편집　　　도은숙, 유태선, 염경원, 김미향, 김민지
마케팅　　윤수연
디자인　　북디자인 경놈
경영지원　국순근
펴낸곳　　북바이북
　　　　　　출판등록 2009년 5월 12일 제313-2009-100호
　　　　　　주소 04029 서울시 마포구 동교로 12안길 14(서교동) 삼성빌딩 A동 2층
　　　　　　전화 02-336-5675 팩스 02-337-5347
　　　　　　이메일　kpm@kpm21.co.kr
　　　　　　홈페이지 www.kpm21.co.kr

ISBN 979-11-90812-12-2　03910